虚偽自白を読み解く

浜田寿美男
Sumio Hamada

岩波新書
1733

はじめに

どこかで事件が起こる。そこに何らかの証拠が残る。殺人事件ならば、死体に刻まれた傷痕、現場に落ちていた凶器、周辺から採取された指紋や血痕、体液、その他の遺留物……、捜査官たちはこれらの「物証」から犯人を特定しようとする。しかし、物証だけで犯人が特定され解決にいたる事件は多くない。

捜査に携わる者たちは、それゆえ事件の関係者、あるいは周辺に居合わせた人たちから事情を聴取し、容疑者が浮かび上がれば、取調室に引き入れて取り調べ、当の現場で何が起こったかを解き明かそうとする。それがいわゆる「供述」である。供述は、目撃者の供述にせよ、被害者や関係者の供述にせよ、あるいは被疑者の自白にせよ、捜査段階では一般的に供述調書という文書として記録される。また、被疑者の取調べについては、最近、その一部が録音録画によって記録されるようになった。しかし、いずれにせよ、供述はみな「ことば」によって語られる。

そうして物証に加えて、人の「ことば」による供述をいくつも積み上げたところで、検察官が事件の犯人を特定して、被告人として起訴し、この被告人がどのような動機によって、どのようにして当の犯行を行ったのかを、一つの犯罪物語にまとめ上げる。これもまた「ことば」による。法廷では、検察官が被告人の有罪を立証しようと「ことば」を尽くし、一方の弁護人もまた、検察側の有罪立証が十分でないことを「ことば」によって主張する。さらに、検察・弁護のそれぞれから証人たちが証言台に立って、みずからの体験を「ことば」で語り、被告人は「ことば」を重ねてみずからを守ろうとする。そして最後には、裁判官や裁判員たちがたがいの意見を「ことば」にして評議し、判決の「ことば」でもって、事件について最終判断を下す。

このように事件の発生から捜査、裁判にいたるまで、人々の口から大量の「ことば」が紡ぎ出され、あちらこちらに大小さまざまな「語り」が渦巻き、たがいにぶつかり合い、やがてそれらが一つの物語に収斂されて、判決でもって決着を見る。裁判とは、このように事件後に残された物証をもとに「ことば」を連ねて、事実を認定し、その認定によって被告人のその後の処遇を決定する人間の現象である。そして、人間の現象には過ちはつきもの。事実の認定に間違いが入り込めば、取り返しのつかない結果をもたらしてしまう。

私たちはこの人間の現象を正しく理解しえているだろうか。そこに過ちが生じたとき、その根を探り、的確に過ちを正すことができているだろうか。過去の裁判事例を見てみれば、かならずしもそうなっていない現実を突きつけられる。

人が「ことば」で語る物語には、しばしばゆがみやねじれが紛れ込む。なにしろ、「ことば」

は現実を語ることもできれば、現実まがいの虚偽を語ることもできる。捜査の過程で、ときに目撃者から無実の人を犯人と名指すおかしな物語が引き出されることもあれば、あるいは厳しい取調べに耐えかねて無実の人が自白し、みずから虚偽の犯行物語を語り出すようなことも起こる。この供述に潜む虚偽が見抜かれなければ、結果として、無実の人が有罪者として裁かれ、故なき苦しみを味わうことになる。いわゆる「冤罪」である。

捜査や裁判の過程で、人々が過去の事件を「ことば」によって再構成し、一つの物語を立ち上げようとするとき、そこにさまざまな間違いが忍び込むのは、ある意味、避けがたい。しかし、無実の人を現実の犯罪物語の主人公として罰してしまう冤罪の過ちだけは、なんとしても避けなければならない。とりわけ問題となるのが、取調室のなかで引き出される虚偽自白である。その虚偽を見抜けなかったがゆえに冤罪に苦しむ人たちが、いまもなお数知れずいる。

虚偽自白は、そもそも人間の現象として、裁判の世界で十分に理解されているのだろうか。無実の人がみずからを犯人だと偽り、やってもいない犯行を「ことば」で語る。そうした虚偽がどこからどのようにして生まれてくるか。そしてその虚偽を暴くために、私たちは何をどうすればよいのか。これは、冤罪の悲劇を防ぐために、法実務の世界で解決しなければならない問題であると同時に、深刻な人間の現象として、心理学の世界で解かれなければならない問題でもある。

本書は、この問題意識からはじまる。

目次

第一章　虚偽自白とはどういうものか

1　自白で立ち上がる事件

冤罪の深い闇

刑事事件の捜査においては、ときに無実の人が疑われて、厳しい取調べを受け、苦しくなってみずから虚偽の自白をするようなことが起こる。そのうえで起訴され、裁判で無実を晴らすことができないままに、人生をすっかり狂わされてしまうことも、あるいは死刑や無期懲役の刑が確定して獄中に囚われつづけることも、ときに無実を主張しながら死刑を執行されてしまうことすらある。これほど残酷なことはない。その闇は、そこに巻き込まれた冤罪者にとって、恐ろしく深い。そして、この闇を晴らすのは容易でない。

冤罪者たちは「自分は無実だ」と知っている。だからこそ、裁判で刑が確定しても、なお再審を求め、それに賭けるしかない。しかし、いくら無実を訴えても、裁判所はこれを簡単には認めない。なにしろ再審は「針の穴に駱駝を通す」と言われるほどにむずかしい。結果として、無実の訴えが届かないまま、囚われの日々がえんえんと何十年もつづいて、やがて獄中でその生を終える者もいる。

この恐ろしい虚偽自白が、いったいどのようにして無実の人の口から引き出されてくるのか。その虚偽自白過程の構図を、まずは全体として提示するところからはじめる。

「体験した者にしかわからない」

世間では、ほんとうにやっていないのなら、多少厳しい取調べを受けたとしても、胸を張って堂々と無実を主張しつづければよいではないか、それなのに、それができなかったのはやはりおかしい、などと言われる。まして、有罪となれば死刑や無期懲役の重罪さえ覚悟しなければならない重大事件で、正常な人間が虚偽で自白するなどありえない。そう思うのが世間の常識である。しかし、その常識にはいくつもの錯覚がまとわりついている。

そもそも、無実の人が自白に落ちてしまうときの取調べの圧力状況は、外からはさほどではないように見えても、その当人にとっておそろしく厳しい。長く身柄を押さえられて連日取調べにさらされるだけで、たとえ拷問などの直接的な暴力はなくとも、たいていの人はまいってしまう。その厳しさを実際に味わった人たちは、異口同音に、「こればかりは体験した者にしかわからない」と言う。

そもそも人間はすぐれて社会的な生き物で、その本性において他者との共同性に支えられて生きるように作られている。人はみな、基本的に母と父との濃密な関係の下に生まれてそのなかで育ち、やがて、きょうだいや祖父母たちとの関係を築き、そこから近隣の友人、学校の仲間、仕事先の同僚と関係の輪を広げ、日々の暮らしをともに楽しみ、悲しみ、事があればたがいに相談し合い、ときに憂さを晴らしてにぎやかに騒いだりもする。人はそうして身の回りに人間関係の網の目をはりめぐらせて生きている。この関係の網の目は、ふだんはまるで空気のようなもので、その存在をほとんど意識しないが、何かのきっかけでこれを奪われたとき、その存在の大きさに気づく。

無実の人が間違って疑われ、それまで自分を支えてくれていた人間関係の網の目から一人切り離されて、取調室に引き入れられ、孤立無援の状況にさらされるというのは、まさにそういう事態である。そのなかで「おまえ以外に犯人はいない」とばかりに、えんえんと責められつづけたとき、それだけでほとんどの人が耐えきれず、「これくらいでどうして」と思われてしまうほど簡単に落ちてしまう。

無実の人の自白を見て、それを虚偽と見抜けない人々は、じつは、人間のこの本質的な社会性、それゆえの人間の弱さを知らない。もちろん、さすがに刑事裁判を専門にやってきた裁判官ならば、それを知っていると思いたい。しかし、残念ながら、裁判官たちもまた世間的な常識を免れていないし、常識の背後にある錯覚を見抜くだけの体験や修練を積む機会も少ない。

しかも取調室のなかで、取調官と被疑者はおよそ対等な関係になく、多くの場合、取調官たちは被疑者を許すべからざる罪を犯した者として、高みから追及し、反省・謝罪を求める。その結果、取調官と被疑者のあいだには圧倒的な落差が生じて、そこに被疑者を有罪方向へと導く強力な磁場が働く。もちろん、その磁場のなかで真犯人がみずからの犯罪行為を真に自白することもあろうが、ときに無実の人が耐え切れず、虚偽の自白へと導かれていく。それを見抜くだけの目をそなえていなければ、冤罪の芽を絶つことはできない。

えんえんと繰り返される再審請求の事件

私は、心理学の研究者として、冤罪主張のさまざまな事件と出会ってきた。そのほとんどに自白の問題が絡んでいる。裁判で冤罪を主張しながら、捜査段階の自白がネックになって、無実を認めてもらえない。そこで、自白が虚偽であることを心理学的に証明できないだろうかという依頼が、弁護人から、あるいは被告人本人からやってくる。その要請を受けて、私はほぼ四〇年にわたって虚偽自白の問題と格闘し、いくつもの事件について心理学の視点に基づく鑑定書を提出してきた。

私がこれまで関与して供述分析を行ってきた事件は、殺人に限定しても、二〇件を超える。その多くは気が遠くなるほど遠い過去の事件である。本書で取り上げることになる名張事件(一九六一年)、狭山事件(一九六三年)、清水事件(一般には袴田事件。一九六六年)は、事件からすでに半世紀以上がたつし、日野町事件(一九八四年)も三〇年以上も前の事件である。名張事件と清水事件は死刑、そして狭山事件と日野町事件は無期懲役の判決が確定し、いずれも確定後、再審請求が繰り返されてきた。それも一度や二度ではない。被告・弁護側からすると、その無実を信じるがゆえに、事件発生から何十年を経たいまも、請求人が生きているかぎり、いや名張事件、日野町事件のように、請求人が他界してもその請求権を引き継ぐ者がいるかぎり、再審請求を繰り返さないわけにはいかない。

これらの事件について、再審請求の一環として、私は心理学鑑定を行ってきた。そして、その鑑定の結果、私のなかでは、いずれも確定したその有罪判決の判断に誤りがあったとの結論を避けることができなかった。それは裁判の世界で言う「心証」のような曖昧なものではなく、文字通りに無実を「論証」したつもりでいる。こういうと自信過剰に聞こえるかもしれないが、少なくとも私のなかでは、そのレベルにまでことばを尽くして、論を展開してきたという思いがある。

しかし、裁判所はその議論に乗ろうとしない。

ひとたび取調べの場で自白し、それが一つの物語として織り上げられ調書化されて、裁判に持ち出されれば、そこに一つの事件が立派に立ち上がってしまう。そのうえで裁判所の有罪判決というお墨付きを得てしまえば、心理学の観点から自白過程を分析して、虚偽が入り込んでいく流れを精緻に解きほぐし、その無実性を証明してみせても、裁判所がこれを聞き入れることはほとんどない。供述分析から得た結論を鑑定書として提出するたびに、私はそのことを思い知らされてきた。

新たな一歩を踏み出しはじめた事件

もちろん、なかにはいま解決に向けて歩を進めているものもある。

私が関与した事件でないが、大崎事件(一九七九年)の第三次再審請求で、殺人及び死体遺棄の共犯として懲役一〇年の刑が確定していた原口アヤ子さん(九〇歳)に対して、二〇一七年六月、鹿児島地裁は再審開始決定を出した。この決定では、裁判所が死体の法医学鑑定とともに、心理学者の供述心理鑑定を新証拠として評価した点が、とくに注目される。事件について原口さんは一貫して否認したのだが、共犯者とされた人たちの自白と関係者の供述によって有罪が確定していた。その共犯者・関係者の自白・供述が真の体験者のものではないことを論証する心理学鑑定を裁判所が認めたのである。

再審開始決定を出した鹿児島地裁の裁判官は、供述心理鑑定を採用したうえで、心理学による供述評価について次のように判示している。

司法の場における供述の信用性判断は、他の諸証拠や関連事実を含む総合的な評価であるが、心理学的供述評価は、供述それ自体の中に、体験に基づかない情報、その他問題のある兆候が見られないかをチェックするものである。そして、供述そのものの科学的な分析の結果得られた非体験性兆候等は、司法の場での総合的な信用性判断に際し、有意な情報として利用することができる。特に平成二一年から開始された裁判員裁判においては、一般の国民が裁判員として裁判に参加し、裁判官と共に証人や被告人等の供述の信用性評価を行うことが想定されるが、心理学的な供述評価は、供述の信用性評価について職業的な経験を重ねた裁判官と、その点では多様な裁判員とが、実質的に協働して評議を行うための共通の土台やツールの一つとなり得るものと考えられる。

通常の刑事裁判で、供述証拠の評価について心理学鑑定が用いられるケースは、このところ徐々に増えてきているが、殺人事件などの再審請求審で心理学者の法廷証言を認め、その心理学鑑定を採用することは、これまで皆無だった。その意味で、これはまさに前例のない画期的な判断であった。

しかし、ここでもまた検察側は裁判所のこの判断に対して「供述の信用性については、裁判官の専門領域だ」として、心理学鑑定を証拠として採用したことを批判し、即時抗告を行い、それを受けた福岡高裁宮崎支部は二〇一八年三月一二日、この即時抗告を棄却して再審開始決定は維持したものの、心理学鑑定についてはその方法と結論を批判して、これを証拠とは認めなかった。この決定に対して検察側がさらに最高裁に特別抗告を行ったことで、再審開始決定はいまなお宙に浮いたままである。

このように事件発生から四〇年も経過した大崎事件が、長期におよぶ裁判闘争を繰り返して、いったんは再審開始の決定を得ながら、なお実質上再審開始に至らない状態が続いている。そして、その一方では、再審の線上に浮かび上がってこない事件が、なおいくつも闇に隠れている。そのネックになっているのが、ことごとく虚偽自白の問題なのである。

2　足利事件と虚偽自白を読み解くための理論

取調べと自白、そして自白調書

無実であっても、いったん自白に落ちてしまえば、その一時の自白に縛られ、その後の一生をそれによって支配されてしまう。過去のその「一時の自白」がもつ呪縛の力は絶大で、これを裁判の場で解くのは容易でない。それはなぜなのか。

わが国では、自白は、多くの場合、自白調書のかたちで記録され、取調官がこれを被疑者に読み聞かせて確認し、被疑者が間違いないとして、自身の手で署名・押印する。こうした手続きによって、裁判で自白調書の証拠価値は保証される。しかし、考えてみれば、無実の人が厳しい取調べを執拗に繰り返されて自白に落ちてしまったとき、その段階ではもはや署名・押印を拒否するほどの余力が残っていない。そうだとすれば、読み聞かせて確認し署名・押印するという形式的な手続きでもって、真の自白調書であることを保証するとの法の規範的発想そのものが、少なくとも心理学的には安易にすぎる。

一方で、自白調書に録取された自白内容は、もちろん、被疑者自身が犯行の流れをそれなりに具体的に、かつ詳細に語ったことになっている。しかも、そこでは「私は○○のとき、○○の動機で、○○の犯行をやってしまった」というふうに、一人称の一人語りのかたちで具体的に文章化されている。それはまさに犯人の独白そのもので、取調べの状況を知らずに素直に読めば、まさか無実の人が嘘でここまでの自白をすることはないはずだと思ってしまう。

しかし、その自白調書に表面上いかに見事に自白が書き取られていても、その背後には、膨大な時間をかけてなされた捜査の過程がある。とりわけ重大事件では、連日長時間にわたる「取調べ」が執拗に繰り返され、そこから「自白」が聞き出され、取調官の手によって文章化されて

「自白調書」に記載される。このように「取調べ」↓「自白」↓「自白調書」とたどる過程に、さまざまなゆがみやねじれが忍び込み、ときに深刻な虚偽が根を張る。そうだとすれば、問題はまさに自白を語らされて調書に録取されていく、その自白形成の「過程」にこそある。

自白についての従来の判断枠組

ところが、有罪―無罪が争われる事件では、多くの場合、取調べの「結果」である最終段階の自白調書が、検察側から証拠として提出され、それが被告人の有罪を示す証拠になりうるかどうかが検討される。つまり、一つには、証拠として提出された自白調書について、その取調べに無理がなかったかどうかを、取調べの外形的状況から検討して、自白の「任意性」を判断する。また一つには、調書に録取された自白内容について、それが客観的な証拠状況と合致するかどうかを中心に検討して、自白の「信用性」を判断する。そうして、この任意性判断、信用性判断の基準をクリアできれば、それでもってその自白は有罪証拠として認められることになる。これが現実の法実務の基本的な判断枠組だが、そこでは自白としてできあがってしまったその「結果」が重視され、そこまでの「過程」の問題が見過ごされがちである。

取調べ過程に踏み込んで、自白の形成過程を一つ一つていねいに分析していけば、そこに潜む虚偽形成の痕を見抜くことがむずかしくないような事件でも、従来の法の判断枠組のなかでは、それが簡単に見逃される。刑事事件に通暁し、事実認定に相応の経験を積んできたはずの裁判官たちでも、しばしばそうした過ちを犯してしまう。その最大の理由は、そもそも「無実の人がどのような心理過程を経て虚偽自白に陥るのか」をよく知らないことにある。そして、それは裁判官たちにかぎったことではない。いま裁判員として裁判官たちと並んでその審理に当たる一般の人たちも同じである。

甘い「任意性」チェック

虚偽自白と言えば、いまでもほとんどの人たちが、無実の人が取調官たちの暴力的あるいはだまし討ち的な取調べで自白に落ちるものだと思い込んでいる。逆に言えば、取調べに暴力や欺瞞などの不法で危険な「要因」がないかぎり、無実の人が虚偽自白に落ちることはない。これが一般的に人々の信じてきた「従来の虚偽自白モデル」である。つまり、虚偽自白を招きやすい取調べの危険な「要因」には着目するが、その要因がどのように働いて虚偽自白を生じさせていくのかというその「過程」の検討が十分でない。

刑事訴訟法第三一九条には「強制、拷問又は脅迫による自白、不当に長く抑留又は拘禁された後の自白その他任意にされたものでない疑のある自白は、これを証拠とすることができない」とある。そこでは暴力的な拷問にかぎらず、「強制」や「脅迫」、あるいは「その他任意にされたものでない疑」のある取調べでの自白まで含まれているのであるから、解釈次第でこの任意性判断はそうとうに広くとることが可能で、その理念に忠実に判断すれば、虚偽自白のかなりがチェックできるはずだと見える。ところが、無実の人が自白するなど、よほどのことがなければありえないと思われているためであろうか。これまで任意性のチェックによって自白が証拠から排除される裁判事例は非常にかぎられている。

現実には、文字通りの暴力的・だまし討ち的な取調べなどなくても、取調官たちが被疑者を犯人と思い込んで、無実の可能性を考慮せず、熱心にまた執拗に取り調べるだけで、無実の人が虚偽の自白に落ちてしまうことがある。じっさい、無実の可能性をいっさい考えてくれない取調べの下で、いくら弁明しても空しく跳ね返される状態がえんえんとつづけば、無実の人であっても、やがて無力感に押しつぶされ、いつまで耐えればこの窮境を切り抜けられるかも見えないままに絶望し、自分の真実を守る気力を失って、自白に落ちてしまう。かつてはともかく、いまはこうした種類の虚偽自白の方がむしろ一般的である。

こうした虚偽自白は、従来の任意性チェックにはかからず、簡単に見過ごされてしまう。

甘い「信用性」チェック

また、「従来の虚偽自白モデル」では、暴力的・欺瞞的な取調べで自白に落とした後は、取調官の側が考えた犯行筋書を押し付け、誘導して、被疑者に強引に語らせるものだと思われている。ところが、多くの虚偽自白の実態はそのようなものではない。無実の人であっても、いったん自白に落ちてしまえば、そこからあとは自分がもし犯人だとすればどうしただろうかと、みずから想像しながら「犯人を演じる」かたちで語る以外にない。そこで、実際に犯行の体験はなくとも、捜査情報を握っている取調官の追及に沿って語れば、それなりの犯行筋書は出来上がっていく。虚偽自白のほとんどは、このようなかたちで生じる。

　無実の人の虚偽自白の実態がこのようなものだとすれば、その自白は一見まるで自分から自発的に語ったものであるかのような様相を呈する。しかも被疑者は、ただ勝手に想像するのでなく、取調官の追及に合わせて語るのであるから、そうして調書に録取された自白内容は、おのずと取調官が把握している客観的証拠と合致して、見かけ上は信用性を満たしているかのように見える。じっさい、それなりに信用性が感じられる自白でないかぎり、被疑者を犯人だと思い込んでいる取調官が、それを供述調書のかたちで残すはずがない。

　こうして見れば、「従来の虚偽自白モデル」の下で自白の任意性・信用性を判断したのでは、少なくとも今日の虚偽自白については、その虚偽性を見抜くことがむずかしい。そうだとすれば、「従来の虚偽自白モデル」を超えて、その自白の「過程」に力点をおいたかたちで「新たな虚偽自白過程モデル」を構想し、これを明確なかたちで対置しなければならない。

じつのところ、わが国の刑事司法がこれまで虚偽自白に起因する多くの冤罪事件を見逃してきたのは、たまたま起こった偶発的なミスなどではなく、既存の判断枠組の不十分さを見逃してきたことによる、むしろ構造的な問題だと言わなければならない。

物証によって無実が証明された事件

取調室における虚偽自白問題について、その再考を迫る決定的な事件が、いまから八年前に明らかになった。足利事件である。この事件の虚偽自白例を取り上げて、ここで新たに求められる虚偽自白過程モデルについて考えてみよう。

足利事件は、一九九〇年五月一二日に栃木県足利市で起きた幼女誘拐殺人の事件である。事件発生から一年半後の一二月一日、当時警察捜査に導入されたばかりのDNA鑑定によって、市内在住の菅家利和さんが疑われ、取調べで自白し、起訴されて、そこから地裁、高裁、最高裁をへて、二〇〇〇年に無期懲役の判決が確定した。ところが、その後の再審請求審でDNA再鑑定が行われて、当初のDNA鑑定が間違っていたことが明らかになった。その結果、二〇〇九年六月四日に刑の執行が停止され、菅家さんはただちに身柄を解かれて、一七年半ぶりに獄中から娑婆に帰還し、翌二〇一〇年三月二六日には再審無罪の判決が下された。

問題はこの事件に巻き込まれた菅家さんの自白である。菅家さんは、任意同行下のわずか一日の取調べで自白に落ち、その後は詳細に犯行内容を語り、公判廷でも第一審のほとんど最後まで自白を維持した。その自白が虚偽であったことが、いわば物証でもって証明されたのである。言い換えれば、それまでこの事件にかかわってきた地裁、高裁、最高裁の裁判官たちの自白判断は、その虚偽をチェックする機能をはたしえていなかったことになる。

そうだとすれば、菅家さんが自白に落ち、自白内容を展開し、その後それを長く維持した挙げ句に、最後にようやく撤回して否認にいたったその過程こそは、無実の人の虚偽自白過程を再考するうえで絶好の素材となる。

足利事件の捜査と自白

ここで足利事件の経緯を振り返っておこう。一九九〇年五月一二日の午後七時ごろ、足利市のパチンコ店の駐車場で遊んでいた四歳の女児真実ちゃんが行方不明になり、翌日、近くの渡良瀬川河川敷の草むらで全裸の死体になって発見された。足利市内では、一一年前の一九七九年八月三日に万弥ちゃん、六年前の一九八四年一一月一七日に有美ちゃんが、いずれも何者かに誘拐され、殺されて遺体で発見されている。しかも、万弥ちゃんが発見されたのは同じ渡良瀬川の河川敷の対岸、有美ちゃんが誘拐されたのは市内の別のパチンコ店であったところから、小児性愛者による連続誘拐殺人の可能性が高いとして、徹底した捜査が行われた。

なかなか容疑者が上がらないなか、半年以上経過した時点で市内に住む菅家さんが浮かび上がる。警察は尾行を重ね、菅家さんが出したゴミ袋から体液の付いたティッシュペーパーを押収し、その体液のDNA型が真実ちゃんの衣服に付着した精液のDNA型と合致するとの鑑定結果を得て、菅家さんを任意同行で取り調べた。それが一九九一年の一二月一日のことである。

その日の早朝からまる一日かけた任意取調べで、菅家さんは自白に落ちた。最初こそはっきりと否認していたが、夜一〇時半ごろ、涙を流して自白し、未明に逮捕、そこからは犯行の流れを具体的かつ詳細に語ったことになっている。有罪を示す強力な物的証拠があり、しかも任意同行下わずか一日の取調べで自白に落ちたことから見て、それはまさに真犯人の自白と見えた。さらには、逮捕から二週間後の一二月一三日には、菅家さんが立ち会っての現場検証が行われ、おおよそ現場状況に合致する犯行再現が行われたという。これによって、検察は一二月二一日に菅家さんを起訴した。

公判までつづいた自白維持とその撤回

裁判は、翌一九九二年二月一三日に始まり、菅家さんはその第一回公判で起訴内容を認めた。菅家さんが無実だとすれば、取調べでは自白したとしても、さすがに裁判になって取調べの圧力から解放されれば、その自白を撤回するはずだと思われるところ、菅家さんはなお自白を維持したのである。裁判はそのまま自白事件として進行し、七月から弁護側の申請で精神鑑定が行われて、「代償性小児性愛」との結果が提出された。

ところが、一方で、菅家さんはその間に家族にあてた手紙で「無実」を訴えていた。そのことを聞いた弁護人が一九九二年一二月二二日の第六回公判で問い質したところ、菅家さんはこの事件への関与を否認したが、弁護人はこの否認を信じることができなかった。DNA鑑定の信頼性に問題があることを認識してはいたが、菅家さんを有罪だと思い込んで、情状弁護の方針で臨んでいたのである。そこで弁護人は、菅家さんにあらためて接見して説得し、それによって菅家さんはふたたび自白に転じ、裁判所に謝罪の上申書を提出して、一九九三年三月二五日に結審した。

菅家さんが自白をはっきりと撤回して、無実を主張しはじめたのは、結審後のことである。報道を通してこの事件はひょっとして冤罪かもしれないと思った足利市内の一市民が、拘置所に収監中の菅家さんに手紙を書き、やがて面会もして、菅家さんに「罪を犯してしまったのなら、被害者の冥福を祈ってください。でもやっていないなら、やっていないと言ってください」と説得したことで、菅家さんはようやく無実を主張する決意を固めることができたのだという。

菅家さんは、判決の直前に弁護人に申し入れ、判決予定日とされていた一九九三年六月二四日に第一〇回公判で弁論を再開してもらい、そこであらためて正式に否認の供述を行った。しかし、裁判所は菅家さんの無罪主張をただ聞きおいただけで、即日結審して、二週間後の七月七日には無期懲役の判決を下した。

有罪確定から再審まで

菅家さんはこのような曲折をへて、第一審公判の最後の最後にようやく自白を撤回し、そこから冤罪を晴らすための闘いがはじまった。

控訴審で菅家さんは新たに組まれた弁護団の支援の下に冤罪を主張し、弁護団は自白の任意性、信用性を争い、同時に有罪の決定的証拠とされたDNA鑑定の証拠能力を争うことになる。しかし、一九九六年五月九日には控訴棄却、上告して最高裁でDNA型の再鑑定を求めたが認められず、二〇〇〇年七月一七日に上告棄却、無期懲役の刑が確定する。

確定後、弁護団は再審請求を行い、DNA再鑑定を繰り返し求めたが、裁判所はこの請求を認めようとせず、二〇〇八年には再審請求を棄却。これに対する即時抗告審で裁判所はようやくDNA再鑑定を認め、弁護側・検察側双方の推薦で二人の鑑定人に依頼した。その結果、いずれの鑑定でも犯人の体液のDNAと菅家さんのそれとは「一致しない」との結論が出た。

これによって検察側も再審開始を容認せざるをえなくなって、二〇〇九年六月四日に菅家さんの刑の執行を停止、菅家さんは再審開始の決定を待たず釈放された。このようにして二〇一〇年三月二六日、菅家さんは再審でようやく無罪判決を勝ち取ったのである。

足利事件における虚偽自白の謎

足利事件は、単に菅家さんが再審で無罪になったというだけではない。彼の自白は無実の人の虚偽自白であったことが、ＤＮＡ鑑定という物証によって証明されたのである。では、なぜ菅家さんは無実であるにもかかわらず自白に落ち、虚偽の自白を詳細に語ることになったのか。また、どうして裁判になってからもその虚偽の自白を撤回せず、維持しつづけたのか。

二〇一〇年三月二六日に言い渡された再審無罪判決（要旨）は、菅家さんの自白について次のように判示している。

菅家氏の自白には証拠能力自体に影響する事情は見当たらないものの、鈴木鑑定という客観的な証拠と矛盾するという点に加え、菅家氏が本件自白をした最大の要因が捜査官から本件ＤＮＡ型鑑定の結果を告げられたことにあると認められ、結果的にこれが菅家氏と犯人を結びつけるものではなかったこと、再審公判において明らかとなった、当時の取調べの状況や、強く言われるとなかなか反論できない菅家氏の性格等からすると、むしろ、本件自白の内容は、当時の新聞記事の記憶などから想像をまじえて捜査官などの気に入るように供述したという確定控訴審における菅家氏の供述に信用性が認められることなどの各事情に照らすと、菅家氏の自白は、それ自体として信用性が皆無であり、虚偽であることが明らかであるというべきである（傍点は筆者による）。

ＤＮＡ鑑定で犯人は別人であることが示された以上、菅家さんの自白が「それ自体として信用性が皆無」だというのは当然として、ここで注目すべきは任意性の判断である。菅家さんは任意同行の一日目で自白に落ち、公判廷でも長く自白を維持していた。その間、取調官が直接的な暴力を振るって自白を迫ったり、意図してだまし討ち的な取調べをしたわけではない。そこで裁判所は自白の信用性を否定しながら、任意性については、ここに引用した通り、「証拠能力自体に影響する事情は見当たらない」としてこれを認めた。

それは、従来の法実務の枠組のなかでは当然の判断なのかもしれない。しかし、その結果として、菅家さんの自白は任意性がありながら、一方で信用性はないということになる。端的に日常のことばで言い換えれば、無実の人が「自分から任意で嘘の自白をした」ことになる。それはいったいどういうことなのか。そこでの「任意」とはどういう意味なのか。

ここで裁判所が持ち出したのが「菅家氏の性格等」である。右の判示では「強く言われるとなかなか反論できない菅家氏の性格等」があって、「本件自白の内容は、当時の新聞記事の記憶などから想像をまじえて捜査官などの気に入るように供述した」と、まるで虚偽自白の原因は「菅家氏の側の性格等」にあるかのように言う。

もちろん、人の「性格等」によって虚偽の自白に落ちやすい人と落ちにくい人がいるのは確かである。しかし、その一方には、虚偽自白を引き出してしまった取調べの側の問題があったことを見逃すわけにはいかない。

迎合性のゆえに例外的に虚偽自白に落ちたのか

この事件は、決定的な物的証拠でもって無実が証明されたため、捜査にあたった警察・検察に多大な衝撃を与えた。そのこともあって、再審無罪の判決が言い渡された直後、二〇一〇年四月付で警察庁が調査報告書『足利事件における警察捜査の問題点等について』を、最高検察庁も『いわゆる足利事件における捜査・公判活動の問題点等について』を公表することとなった。そこでは、科学警察研究所のDNA鑑定に対する過信を問題点の第一として指摘しつつ、合わせて菅家さんから自白を引き出した取調べについても大きく取り上げている。

警察庁の報告書は次のように指摘している。

> 取調べは真実の発見を目標として行われるものであり、取調べに当たっては被疑者の自発的な供述を待つだけではなく、供述の矛盾や不合理な点を指摘し、説得、追及、あるいは理詰めの質問を行うなどして、納得いく説明を求めることが必要である。しかしながら、本件においては、迎合の可能性があるという被疑者の特性に対する留意を欠いた取調べによって、菅家氏をして捜査員の意に沿う供述をさせてしまう結果となったものと認められる。

取調べにおいて「迎合の可能性があるという被疑者の特性に対する留意を欠いた」ために、このような事態になったというのである。

あるいは最高検察庁の調査報告書も、次のように、ほぼ同様の指摘をしている。

被疑者の性格等によっては、犯人ではないのに、犯人の気持ちになって想像し、具体的な事実関係さえも自ら現場に臨場して経験したことであるかのように供述してしまう被疑者があり得ることに思いを致し、これらに配慮した取調べを行うとともに、なされた自白の信用性等についても冷静かつ慎重に吟味・検討を尽くすべきであった。

任意性を欠いていない取調べ状況にあっても、みずから「犯人の気持ちになって想像」するような被疑者がいる。そこに配慮しなかったことに問題があったという。まるで菅家さんは例外的に弱い人物で、被疑者がこの菅家さんでなければ、このような虚偽自白の問題が起こることはなかったかのような口吻である。しかし、そうなのだろうか。

「例外」ではなく、むしろ「典型」

足利事件の菅家さんの虚偽自白過程を検討して、あらためて思うのは、彼の虚偽自白はけっして例外的なものではないということである。たしかに菅家さんにはお人よしなところがあって、ある意味で迎合性が高いといってもよい。しかし、彼はこの事件に出会うまで、幼稚園のバスの運転手としてごく平凡に暮らしてきた。争いを好まず、周囲の人と対決するような場面は極力避けてきたかもしれないが、取調室のような圧力状況にさらされることさえなければ、虚偽自白に落ちるようなことはなかったはずだ。そうして見れば、菅家さんは「例外的」に迎合性が高かったがゆえに、「例外的」に虚偽自白に落ちたのではない。むしろ、菅家さんは人と対決するのが苦手で、人と争うことを好まず、相手に合わせてしまうところがあったからこそ、むしろ「典型的」なかたちで虚偽自白に落ちたのではないか。

こういう言い方をすると、一見、奇妙に聞こえるかもしれない。しかし、次のように考えてみれば、奇妙でも何でもない。つまり、もしわが国の取調べが全体として健全に行われていて、虚偽自白など一般にはめったに起こることのない例外的な事態だとすれば、通常の取調べ状況下でその例外的な事態が起こったとき、原因を被疑者の例外的な迎合性に求めてよいのかもしれない。しかし、逆に、もしわが国の取調べに全体として構造上の大きな問題があって、誰であれ取調室に置かれて厳しい取調べを受ければ、ごく一般的に虚偽自白の危険にさらされてしまうとすれば、そこに人並みの弱さをかかえた被疑者が巻き込まれたとき、虚偽自白はまさに典型的なかたちをとって表れる。

そうして見れば、足利事件の菅家さんの虚偽自白は、「例外」などではなくむしろ「典型」である。それにもかかわらず、警察庁や最高検察庁の上記調査報告書がこれを「例外」であるかのように論じるのは、わが国の刑事取調べに巣くってきた病巣に十分目を向けていないからにほかならない。

従来の虚偽自白モデル

菅家さんの虚偽自白を「例外」と見るか、それとも「典型」と見るかは、じつは、虚偽自白の過程をどのようなものと考えるかによる。ここで「従来の虚偽自白モデル」と「新たな虚偽自白過程モデル」とを対置して、問題の構図を示しておきたい。

従来の虚偽自白モデルによれば、図1に見るように、①無実の被疑者が暴力的・だまし討ち的な取調べによって、任意性を欠いたかたちで強引に責められて自白に落ちる。言わば、むりやり外から「犯人にされて」しまう。

そして、自白に落ちたのちは、②取調官によって犯行筋書を押し付けられ、誘導されて、犯行内容を「言わせられる」。

そのうえで自白完了後、起訴されて、③取調べの圧力から解放されれば、直ちに否認に転じる。そういうものだと考えられてきた。

このモデルに照らして言えば、菅家さんは任意同行下の取調べからわずか一日で落ちて、しかも直接的な暴力で自白を迫られたわけでも、意図的なだまし討ちで自白に落ちたわけでもない。

それに犯行内容は自分から想像して語ったし、起訴後に取調室から解放されて裁判がはじまって以降も、自白を撤回することなく、長く自白を維持していたというのであるから、従来の虚偽自白モデルからはおよそ説明できない。その意味で、まさに「例外」的なものと見える。

新たな虚偽自白過程モデル

ところが、菅家さんの場合にかぎらず、一般に虚偽自白過程はそもそもそのようなものではない。私がこれまでさまざまな虚偽自白事例を検討して得た結論を先取りして、ここで簡単に要約して言えば、図1に「新たな虚偽自白過程モデル」として示したようになる。

まず、①の自白への転落過程で、無実の人を虚偽自白に追い込む最大の要因は、取調官が被疑者を犯人とする「証拠なき確信」に駆られ、被疑者が無実である可能性をいっさい考えず、謝罪を求めて、執拗に繰り返し追及することである。菅家さんの場合、取調官は当時のDNA鑑定を根拠に菅家さんを犯人と決めつけて自白を迫ったわけで、取調官からすれば「証拠」をもって「確信」したということになるが、その証拠が間違っていたのである。その意味では「誤った確信」とも言えるが、ここではこれをも含めて「証拠なき確信」と呼ぶ。

取調官が被疑者の無実の可能性を考えず、犯人と確信して取り調べれば、結果として、取調室には被疑者を有罪方向への引きずり込む強力な磁場が働く。そこに巻き込まれた無実の被疑者は、

〔従来の虚偽自白モデル〕	否認	〔新たな虚偽自白過程モデル〕
	⬇	
取調官が暴力的・だまし討ち的な取調べを行う	①自白への転落	取調官が被疑者を犯人と確信し，無実の可能性を考えない取調べがえんえんと続くなか，「有罪方向への強力な磁場」ができる
↓		↓
強引に責められ「犯人にされる」		いくら言っても聞いてもらえない無力感に襲われ「犯人になる」
	⬇	
取調官の側が考えた犯行筋書を押し付け・誘導する	②自白内容の具体的展開	被疑者を犯人と思い込んで手持ち証拠をもとに追及し〈犯人と取調官〉という「偽の人間関係」ができあがる
↓		↓
取調官によって犯行内容を「言わせられる」		みずから容疑を引き受け，想像で「犯人を演じる」
	⬇	
取調べの終結で取調べ圧力から解放される	③自白の撤回と否認	取調べの終結で「偽の人間関係」から抜ける
↓		↓
直ちに否認に転じる		自分を無実と信じてくれる人と信頼関係を確立することで否認に転じる

図 1　虚偽自白過程のモデル

自分はやっていないといくら言っても聞いてもらえず、その無力感に打ちひしがれ、絶望感におそわれて、やがて抵抗を諦めてしまう。取調べの場に暴力やだまし討ちなどなくとも、ほとんどの人がこうした状況下で虚偽の自白に落ちる。

そうして自白に落ちた後、②の自白内容の具体的展開過程では、無実の被疑者が、自分のことを犯人と思い込んでいる取調官の前で、みずから容疑を引き受けて「犯人を演じる」以外になくなり、取調官が手持ち証拠に基づいて追及するのに合わせて、もし自分が犯人だとすればどうやっただろうかと想像して犯行筋書を語ることになる。ここに被疑者を犯人と思い込んでいる取調官と、自白を維持し、みずから犯人として振る舞いつづける被疑者とのあいだの「偽の人間関係」が生まれる。それゆえ、従来の虚偽自白論が考えるような取調官からの意図的な誘導、つまり犯行筋書をあらかじめ想定して、それを被疑者に強引に「言わせる」ような働きかけは、少なくとも外見上見えない。

それゆえ、③の自白を撤回し否認する過程でも、ただ取調べが終結して、表向き取調べの圧力から解放されただけでは、足利事件の菅家さんの場合のように、自白を撤回できないことがある。自白を撤回するためには、それまでの自白転落・内容展開過程において取調官とのあいだで築いていた「偽の人間関係」から脱け出すことが必要となるのである。それがけっして簡単ではなく、そこから一歩踏み出すのにむしろ勇気がいる。じっさい、足利事件の菅家さんの場合は、「あなたの無実を信じる」と言ってくれる人が登場して、そこにあらたな人間関係を築いてはじめて、きっぱりと否認に転じ、それまでの自白維持の状態から脱出することができた。

現実の虚偽自白過程はこのようなものである。そうだとすれば、従来の虚偽自白モデルはおよそ不正確だと言わなければならない。そして、この新たな虚偽自白過程モデルの下で見たとき、菅家さんの虚偽自白は「例外」であるどころか、まさに虚偽自白の「典型」であることがわかる。

本書で取り上げる課題

足利事件の菅家さんの場合は、幸い、DNA鑑定という物的証拠によって、結果的にその自白が虚偽だと判明した。しかし、自白の虚偽が、そのように物証でもって間接的にしか暴かれないとすれば、冤罪主張の事件の多くは救われない。それゆえ、取調べの場で被疑者が自白に落ち、自白内容を語っていく、その自白過程そのものの分析によって、その虚偽性を見抜く方途を探ることが、私たちには求められる。

本書では、物的証拠によって無実が証明された足利事件の菅家さんのケースを「範例」としつつ、私自身がかかわった冤罪主張の諸事件を取り上げて、取調べの場の自白過程に潜む問題点を具体的に論じることにする。

そこで、上記の虚偽自白過程モデルに沿って、まず「自白への転落」の過程について、無実の人が虚偽自白に落ちる危険要因がどこにあるかを指摘する（第二章）。つづいてその後の「自白内容の具体的展開」の過程については、まず、無実の人ゆえに犯行内容を語れない、その「語れなさ」が前面に出る事例を取り上げる（第三章1〜3）。そのうえで犯行内容を一定程度語れる段階になれば、無実の人がみずから犯人になったつもりで想像をめぐらし、具体的かつ詳細に犯行内容を語ろうとするが、そこには非体験者ゆえの「不自然な語り」が表面に現れてくる。そうした事例を取り上げて、その語りの分析から虚偽を見抜く方途を探る（第三章4〜7）。そして最後に、無実の人がそれまでの自白からどのようにして抜け出していくかに焦点をあてて、「自白の撤回」の過程を論じ、さらには自白撤回後にそれまでの自白についてどのように弁明するかを分析することで、そこに無実者の徴表を見ることができることを示す（第四章）。

いずれの過程についても、それぞれ具体的な事例に即して論じることになるが、取り上げるのは、足利事件の菅家さんの自白を除けば、すべていまなお再審請求が繰り返されている事件である。その意味でいわゆる確定判例のお墨付きはないのだが、それぞれに心理学的な論拠を示しながら議論を進めることにしたい。

第二章　自白への転落——足利・狭山・清水事件

無実の人が、自分は無実だとわかっていながら、虚偽の自白に落ちてしまう。それはなぜなのか。その被疑者の心理が第三者にはなかなか理解できない。一方で、取調官たちについては、ともすると被疑者が無実だと知ったうえで、それでも暴力的な手段をもちいて強引に追及し、意図的に虚偽自白に落としているかのように思われやすい。いわゆるでっち上げである。しかし、そんなにひどいことは、ふつうはできない。むしろ取調官は、被疑者を無実とわかっていて落としているのではなく、被疑者を犯人だと思い込んだまま、無実の可能性を考えもせずに追及する。その結果として被疑者が自白に落ちれば、自白したからにはやはり犯人にちがいないと、取調官は思い込んでしまう。ある意味、そこにはその取調官の側の悪意はない。その心理もまた、ここでは検討しなければならない。

1　わずか一日での転落

誤ったDNA鑑定に依拠した「証拠なき確信」

最初に、足利事件の菅家さんの自白転落例から考える。菅家さんの自白は、まさに無実の人の虚偽自白であることが、物的証拠でもって証明されているからである。

先に見たように、菅家さんは、事件から一年半後、突然、任意同行で取調室に引き入れられて、その日のうちに自白に落ちた。警察官の法廷証言によれば、その日、朝七時頃に菅家さん宅に赴き、任意同行を求めたところ、その場で否認したが、足利署に到着して、食事をし、ポリグラフ検査などを行ったうえで、そこから合計九時間一〇分の取調べで、午後一〇時三〇分頃には自白に落ちたという。こんなに短時間で落ちれば、一般には、まず間違いなく真犯人の真の自白だと思われてしまう。ところが、それが虚偽の自白だったのである。

たった一日、九時間あまりの任意の取調べで、暴力的な取調べが行われたわけでもないのに、どうして無実の人が虚偽の自白に落ちてしまったのか。のちに冤罪が明らかになったとき、先に見たように、再審裁判所も最高検察庁も警察庁も、この虚偽自白の最大の原因は菅家さんの迎合性であったかのように述べたが、そのように見たのでは、問題の根は隠されてしまう。ここで考えなければならないのは、やはり取調官たちが菅家さんを犯人だと確信して、無実の可能性を一かけらも思い描くことなく取り調べたという事実である。

足利事件が発生した当時、科学捜査の新しい武器としてＤＮＡ鑑定の導入が図られていた。そのＤＮＡ鑑定で、菅家さんの体液と被害女児の衣服に付着していた体液のＤＮＡ型が合致するとの鑑定結果を得て、取調官たちはこの事件の犯人は菅家さんに間違いないと考えて追及した。しかし、そのＤＮＡ鑑定が間違っていた。有罪の決め手となると思った証拠が間違っていたという意味で、取調官たちが菅家さんに対して抱いた有罪の確信は、事実上「証拠なき確信」でしかなく、それが菅家さんを虚偽の自白へと追い詰めたのである。

謝罪追求型の取調べの危険性

取調官たちが任意同行を求めて菅家さん宅を訪れたとき、そのうちの一人がその場で、胸ポケットから被害女児の写真を取り出し、これを菅家さんに突きつけて、「謝れ」と迫ったという。菅家さんは、再審無罪となったのちの手記のなかで、その場面について次のように書いている（菅家利和『冤罪』朝日新聞社、二〇〇九年、一一～一二頁）。

（突きつけられた写真を前に）どうしていいのかが分からなくて、混乱しながらも、静かに手を合わせました。

女の子の冥福《めいふく》を自分なりに祈ったつもりですが、そこから彼らはまた「やっただろう」と何度も怒鳴りつけてきました。何度も「自分はやってません」と言ったつもりですが、こんな目に遭う理由がさっぱり分からずに、自然と涙があふれてきました。大人らしくないかもしれませんが、脅されて泣きながら、「何もしていない」と繰り返しました。

取調官たちからすれば、女児を誘拐してわいせつ行為を行い、殺して河川敷に棄てたというとんでもない事件の被疑者が浮かび上がってきたのである。その被疑者を前に、謝罪を求める気持ちになるのもわからなくはない。しかし、この謝罪追求型の取調べこそが危険なのである。というのも、謝罪を求めるのはあくまで有罪が前提で、その背後には「証拠なき確信」が働いているからである。菅家さんが虚偽の自白に落ちた最大の要因は、まずここにある。

いくら言っても聞いてくれない無力感

無実の人は、どのような心理状況のなかで虚偽の自白に落ちるのか。菅家さんは、任意同行を求められて警察署に連れて行かれ、取調室に入ってからも、当然、否認をつづけた。取調べは、気の弱い菅家さんにとって十分に暴力的なものであったが、直接的に暴力を振るって自白を迫られたわけではない。最初の段階で、一度、髪を引っ張られたり、すねを蹴られたりしたが、菅家さん自身が「暴力と言えるほどの強い力」ではなかったと認めている。つまり菅家さんは暴力で落ちたのではない。菅家さんは次のように書いている（前掲書、一七頁）。

彼らは、自分たちにとって都合の悪い話には一切、耳を貸しません。「やってません」と言っても、調べは絶対に終わりません。自分の言い分も、アリバイも、聞き入れてはくれません。「絶対にお前なんだ」と繰り返し、呪文のように言い続けるだけなんです。

菅家さんは取調官に自分はやっていないと言う。しかし、いくら言っても取調官たちはいっさい耳を貸さず、聞き入れてくれない。菅家さんを犯人だと思い込んでいるからである。その取調官の「確信」こそが、菅家さんの無実の主張を跳ね返して、彼を虚偽の自白へと追いやる壁となった。

「お前が犯人だ」と言ってけっして譲らない取調官の「確信」の壁を前に、いくら弁明しても聞いてもらえない。そうした取調べがえんえんとつづき、いつ終わるとも見えないとき、無実の人はどうしようもない無力感に陥る。

任意同行での取調べなのだから、途中で帰らせてほしいと言うこともできるはずだが、しかし、そう言っても、簡単に帰らせてもらえない。菅家さんは任意同行を求められたこの日、勤めていた幼稚園の先生の結婚式に招待されていて、行かせてほしいと取調官に頼んだが、この要望もはねつけられてしまったという（前掲書、一七〜一八頁）。

楽しみにしていた結婚式は、とっくに終わってしまっていました。昼と夕方に弁当を食べて、ぬるいお茶をすすっただけです。朝から一本もタバコを吸えず、ストレスも溜まります。「やったと言えば、楽になるぞ」と何度も言われました。自白しなければ家に帰す方針だったことは、ずいぶんあとになってから知らされました。むしろ自白しなければ解放されないと、そのときは思い込んでいました。精神的にも肉体的にも疲れてしまい、ウトウトと眠気を感じることもありました。先のことは、何も考えられませんでした。その場をどうにか逃れたくて、夜十時にもなれば、「もうどうでもいいや」というヤケクソな気持ちになってしまいます。そうして、自分は、

「分かりました。自分がやりました」

とひと言、口に出して言いました。刑事というのは、現金なものです。H刑事はパッと明るい表情になって、

「おう、そうか」と優しく言って、間もなく部屋を出て行きました。H刑事の変わりようにホッとした気分と、やってもいないのに自白させられて悔しい気分とが入り交って、涙がこぼれてきました。

たしかに、たった一日、わずか九時間あまりで落ちたというのは、菅家さんの弱さだったかもしれない。しかし、その彼の弱さを責めるわけにはいかない。どれほど強靭な精神力の持ち主であっても、身柄を押さえられ逃れられない状況で、こうした取調べがえんえんとつづいたとき、

いくら言っても聞いてもらえない無力感に、やがて耐えられなくなる。

無実の人の方が落ちやすい逆説

いくら言っても聞いてくれないというこの状況は、じつは、真犯人にとってより、むしろ無実の人にとって厳しい。そうした逆説があることを、ここで指摘しておかなければならない。

たとえば、対照として、被疑者が真犯人で、その真犯人が「私はやっていない」と否認している場合を考えてみる。そこでも取調官が被疑者を犯人だと確信して取り調べれば、被疑者から見て、いくら言っても聞いてくれないという状況になる。その点では無実の人の場合と変わらない。ところが、真犯人が否認するときは、その否認が嘘だということを自分が知っている。そうだとすれば、取調官がその嘘の否認に納得しないのは当然で、「いくら言っても聞いてくれない」という状況は同じでも、真犯人がそこで無力感を覚えることはない。

ところが、無実の人は、やっていないのだから「私はやっていない」とちゃんと言えば取調官もわかってくれるはずだと思う。にもかかわらず、いくら言っても取調官は聞いてくれない。だからこそ無力感に陥るのである。その点、開き直って嘘で否認している真犯人は無力感にさいなまれることはなく、それだけ自白に落ちにくい。このように無実の人の方がむしろ自白に落ちやすい要因がある。

予想される刑罰に現実感がない

無実の人の方が真犯人よりも自白に落ちやすくなってしまう逆説的要因として、もう一点、指摘しておかなければならないことがある。それは自白して有罪になったときに予想される刑罰の現実感である。

有罪になれば死刑さえも覚悟しなければならない重大事件になると、さすがに無実の人が虚偽で自白することはあるまいと思われている。しかし、そこにも盲点がある。というのも、被疑者が真犯人であれば、問われている事件について生々しい現実の記憶があって、ここで自白すれば、あの陰惨な犯罪行為の結果として自分が死刑になるということに現実感がある。それゆえ、真犯人にとっては刑罰の予測が自白への歯止めになりうる。ところが、無実の人にはその刑罰の現実感がない。何しろ自分はやっていないのである。理屈では、これで有罪になれば死刑は間違いないとわかっていても、それが現実感をもって迫ってこない。

そのうえ、自白したからといって、ただちに首をくくられるわけではない。刑罰は将来の可能性であって、たったいま現実に味わっている取調べの苦しさを回避するためになら、その将来の可能性には目をつむってしまうことがありうる。あるいは、ここで自白したとしても、さすがに裁判になれば、裁判官たちはわかってくれるはずと思う。そのために将来予想される刑罰が、無実の人にとっては虚偽自白の歯止めになりにくい。現に、足利事件の菅家さんは、自白に落ちたとき、「まったくと言っていいほど先のことは考えていませんでした。……死刑への恐れはありませんでした」と言う（前掲書、三七頁）。無実の人のこの心的現実を、多くの人は知らない。

さらに二件の自白

菅家さんの場合、じつは、真実ちゃん事件の取調べがひと段落して起訴にいたったとき、別件として注目されていた万弥ちゃん事件、有美ちゃん事件についても追及を受けて、簡単に自白してしまっている。三人もの女児を誘拐して殺したとなれば、どう考えても死刑を避けることはできない。にもかかわらず、菅家さんは、その当時、もはや取調官に対して抵抗するだけの気力を取り戻すことができない状況にあった。

ただ、この別件二件はずいぶん以前の事件で、ニュースなどで聞いていたかもしれないが、それがどういう事件だったか、ほとんど記憶になく、自白に落ちたうえで犯行筋書を具体的に語ることができなかった。おそらくそのためだろう、検察はこれを起訴に持ち込むことができなかった。

いずれにせよ、無実の菅家さんが死刑を覚悟せざるをえない三件もの幼女殺害事件を認めて自白したことの意味は、虚偽自白がどのようなものであるかを知るうえで大きい。菅家さんからすれば、やっていないからこそ刑罰に現実感がなく、しかも刑罰は将来の可能性でしかない。そうだとすれば、無実の人にとっては、刑罰の重さが虚偽自白を防ぐ重しにはならない。

故なき罪で疑われて取調べを受ける人にとっては、疑われていること自体がまさに非現実そのもので、まして遠い先の刑罰など現実感をもって考えることはできない。無実である当人にとっては当たり前のことだが、多くの人はそのことに気づかず、無実の人が死刑とか無期懲役といった重罰を覚悟してまで虚偽の自白をするはずがないなどと簡単に言ってしまう。

取調べの場に働く「証拠なき確信」

取調官と被疑者とが相互に関わり合う取調べの場は、心理学的にどのような質のものとして成り立っているのか。そこから虚偽の自白がどのようにして引き出されるのか。そう考えたとき、虚偽自白の最大の要因は、取調官が被疑者のことを犯人に違いないと思い込むその「確信」にあることに気づく。じっさい、外から冷静に見れば、こんなに脆弱な証拠では被疑者を犯人と決めつけられないと思えるような事件で、無実の可能性などかけらも考えずに取り調べていることがある。しかし、そのような場合でも、取調官たちは相手が無実とわかって責めているわけではない。自白がないかぎり立件できない証拠状況だからこそ、多少厳しい取調べをしてでも、自白を取って立件したいと思う心情が働いて、無実の可能性を頭から排除してしまう。

　それに、警察の捜査は組織で行われるがゆえに、取調官が個々にはひょっとして被疑者はやっていないかもしれないと思ったとしても、捜査チームが一丸となって被疑者の有罪を固める方向に動いているとき、そのことを口に出して言うことができず、不都合な可能性には目をつむるような心理が働く。そうして取調官たちは、被疑者は無実かもしれないという可能性を押し殺し、犯人に間違いないと確信する。無実の人の虚偽自白の背後には、取調官たちのこの組織ぐるみの「証拠なき確信」が働いている。

　もちろん、いまは取調べ手法として拷問などの暴力は禁じられていて、そうした手法をもちいたことがわかれば、たとえ真犯人の自白であっても、任意性が否定されて証拠能力を失う。それゆえ、表だって拷問や暴力をもちいるような愚かなことはしない。しかし、表向き拷問がなくなったとしても、無実の可能性を考えない取調べがつづくかぎり、無実の人の虚偽自白がなくなることはない。問題は手段として拷問がもちいられるかどうかではなく、それ以前のところで、取調べの場が取調官たちの「証拠なき確信」に支配されているかどうかにある。

　このように言えば「証拠なき確信」というのは、非常に特殊な心理であるように見えるかもしれないが、そうではない。それはむしろ私たちの日常のありふれた心理である。

日常のなかの「証拠なき確信」

人が何かを「確信する」というのはどういうことかを考えてみる。たとえば、子どもが母親の財布からお札を抜いてポケットに入れる現場を、母親が目の前で見たとする。そのとき母親は子どもが取ったことを「確信する」とは言わず、「知っている」と言う。つまり、「確信する」と「知っている」は同じではない。そのあいだには隙間があって、人が「確信する」のは、直接的に「知らない」からである。

私たちはみな一人一人が自分の身一つで生きていて、その身体に具わった知覚器官でもって、自分の周囲世界の出来事を「知る」。しかし、そうして私がこの身体によって直接に「知る」ことができる世界は限られている。私が自身のこの身体で直接に知る直接世界の外に、他者たちもまた生きていて、その他者たちの周囲には、それぞれ私が直接に知ることのできない間接世界が広がっている。他者たちが生きるその世界は、私自身の直接的な知覚を超えて、ことばによる対話や伝聞、あるいは推測や思考など、間接的な情報によって捉えるしかない。それゆえ、この間接世界は、私自身が生きる直接世界のように確実に「知る」ことができず、原理的につねに曖昧さをともない、ときに疑いがつきまとう。ところが、この曖昧さを曖昧のまま、あるいは疑いを疑いのままとどめるのはむずかしく、たいてい人は、おおよそのところでこうに違いないと「確信」して、それにもとづいてふるまう。

たとえば母親が知らぬ間に、居間に置いていた自分の財布からお札がなくなっていたとする。そんなとき、以前にも子どもが自分の財布からお札を取ったことがあれば、「今度もまた？」と、子どもへの疑念が頭をもたげる。そうなると、明確な証拠がなくとも、その疑いは簡単に「確信」へ向かって走り出す。つまり、疑いをもった段階で、下手をすれば、もう腹を立ててしまって、子どもを責めてしまう。しっかりと証拠でもって事実を認定してから、そのうえで腹を立てるというわけにはいかないのである。それはまさに「証拠なき確信」である。

確信には、もちろん、それなりの証拠や根拠がある。しかし、直接的に目撃したのでないかぎり、それだけで十分とは言えない。だからこそ、「証拠なき確信」に駆られたとき、人はそこからさらなる証拠を求めようとして、自白を迫る。子どもが自分の財布からお金を取ったと思い込んだ母親が、否認する子どもに腹を立てて、「正直に言いなさい」と迫り、「謝りなさい」と謝罪を求めるのは、まさにそうした心理である。

「証拠なき確信」は私たちの日常につきまとう心のありようであって、取調室に限ったことではない。それゆえ、母親の勢いに負けて、気の弱い子どもが虚偽の自白に落ちてしまうこともありうる。そうしたたぐいの冤罪は、日常のなかでもしじゅう起こっている可能性がある。

問題は、このことが取調べの場で起きた場合である。取調室の「証拠なき確信」は、ときに無実の人から虚偽の自白を引き出し、それがその人の人生をすっかり狂わせてしまう。そうだとすれば、取調べの場では、この確信のもつ危険性をつねに意識し、どんなに疑わしい被疑者であっても、ひょっとして無実かもしれないという可能性を思い描いて、質問を組み立てるのでなければならない。しかし、残念ながら、わが国の刑事捜査は、被疑者の有罪を立証しようとして「証拠固め」に邁進するあまり、ときにそうした本来の捜査のあり方を見失ってしまう。足利事件は、その一つの典型例である。

2　長期間の取調べの果てに

身柄拘束下の取調べと無罪推定の欠如

足利事件の菅家さんの場合は、間違ったＤＮＡ鑑定に基づく取調官たちの「証拠なき確信」のもと、その取調べに一日さらされただけで落ちた。そうだとすれば、ましてそのような取調べに何日も、あるいは何十日もさらされれば、無実の人であっても、たいていは虚偽の自白に落ちてしまう。

わが国の刑事司法の実務においては、被疑者を逮捕すれば、まず警察で四八時間、つづいて検察で二四時間の取調べがあって、その後も必要があれば一〇日間の勾留が認められ、さらに必要ならば一〇日間の勾留延長が認められる。その間、計二三日間にわたって、身柄拘束下の取調べが可能である。被疑者の身柄を解かないのは、逃亡や証拠隠滅の可能性があるからという理屈なのだが、それはあくまで有罪の可能性を念頭においてのことで、推定無罪の原則からすれば、簡単にそれを許してよいはずはない。

じっさい、被疑者が「ひょっとして無実かもしれない」と思えば、その被疑者の身柄を二三日間も拘束して取り調べるなど、恐ろしくてできない。ところが、わが国の法実務はそれを簡単に許容している。裏返して言えば、被疑者をそれだけの長きにわたって「有罪方向へと導く強力な磁場」にさらしつづけても、無実の人ならば、それに耐えることができるはずだと想定していることになる。しかし、それはあまりに非現実的な想定である。

逮捕され身柄を押さえられて、それまで自身の周囲に築いてきた人間関係の網の目から一人引き抜かれ、見ず知らずの取調官たちの輪に投げ込まれる。その孤立無援の状況のなか、長期間にわたって取調官たちの「証拠なき確信」の渦にさらされたとき、どれだけの人がこれに耐えられるだろうか。ここでは冤罪事件として長く闘われてきた狭山事件を例に取ってみる。

狭山事件の概要

狭山事件が起こったのは一九六三年五月一日のことである。その日、一六歳の誕生日を迎えたY子さんは、通っていた川越高校入間川分校を午後三時すぎに自転車で出て、そこから行方不明になる。そして、その夜の七時三〇分頃、Y子さん宅に、「子どもの命が惜しければ金二十万円を五月二日の夜一二時に持ってこい」という内容の脅迫状が投げ込まれた。

家族からの通報を受けた警察は、翌二日の深夜一二時に向けて、犯人の指定した場所に張り込み態勢を敷き、待ち受けた。そこに犯人が現れたのだが、警察はこれを取り逃がしてしまう。そして一日おいて四日、Y子さんの死体が農道に埋められているのが発見されたのである。死体からはB型の精液が検出され、死亡前に姦淫行為があったものと認められた。目の前に現れた犯人を取り逃がしたこの警察の大失態は、国会でも問題として取り上げられる事態となった。

そうしたなかで、死体発見現場の近くにあった被差別部落出身の石川一雄さんが容疑の線上に上がり、事件から約三週間後の五月二三日、脅迫状の筆跡が合致するとの疑いで逮捕された。そこから厳しい取調べがつづき、一カ月近くたった六月二〇日に、仲間と三人でやったという共犯自白に落ち、三日後の六月二三日には強盗・強姦・殺人・死体遺棄のすべてを認める単独犯行自白をはじめ、そこから詳細な自白調書に取られて、七月九日に起訴に至る。

しかも、石川さんの自白は、菅家さんと同様、ここで終わっていない。起訴から二カ月後の九月四日にはじまった第一審で、石川さんは否認せず、自白を維持したのである。しかし、家族の依頼で付いた弁護人は証拠関係から有罪とは思えず無罪を主張することになる。そうしたなか、この事件は被告人が自白を維持した自白事件として扱われ、わずか六カ月の審理で、翌年の一九六四年三月一一日に「死刑」の判決を下される。

石川さんが自白を撤回して否認に転じたのは、控訴審の冒頭でのことである。そこからようやく強力な弁護団・救援会の支援の下に冤罪が争われることになるが、そこでは第一審での自白維持が大きなネックになった。東京高裁は一〇年におよぶ審理の後に、一九七四年一〇月三一日に「死刑」判決を破棄したものの、有罪を維持して「無期懲役」の判決を下した。弁護団は上告したが、一九七七年八月九日に最高裁は上告を棄却して、刑が確定するという経緯をたどる。その後、再審請求が行われ、裁判闘争がえんえんとつづけられてきたが、いっこうに認められないままに、一九九四年一二月二一日に仮出獄。逮捕から三一年半後のことである。その後も二〇年あまりにわたって再審請求が繰り返されながら、いずれも認められず、今日に至っている。

石川さんの取調べ経過

石川さんが取調室で自白に転落していく過程について見てみよう。石川さんの場合、逮捕されてから自白にいたるまで、ずいぶん長い取調べ経過をたどり、自白後も奇妙な紆余曲折を経ている。まず、事件発生から、石川さんの逮捕、再逮捕、そして自白転落、そこから起訴にいたる時間的な経緯を、表1にまとめて、その経過を確認しておく。

石川さんが、事件発生から約三週間後の五月二三日に逮捕されたとき、その容疑の中心はY子

表1　狭山事件　取調べの経過

5. 1	事件発生
5. 4	Y子の死体を発見
5. 23〜	石川さん逮捕 (脅迫状作成の件と別件) 脅迫状作成を中心に取調べ 一貫して本件否認
6. 13	別件9件で起訴
6. 17〜	保釈　直後に殺人等で再逮捕 集中的な取調べ
6. 20	自白に転落　3人犯行の自白
6. 21	Y子の「鞄」を発見
6. 23	単独犯行自白に転落
6. 26	Y子の「万年筆」を発見
7. 2	Y子の「腕時計」を発見
7. 9	石川さんを起訴

への強姦・殺人・死体遺棄でなく、脅迫状を書いてY子宅に届け、身代金を要求したという恐喝未遂であった。警察はこれに軽微な別件二件の容疑を加えて逮捕したのである。取調べで石川さんは別件の二件は素直に認め、さらにいくつかの別件を自白したが、脅迫状については否認をつづけたため、検察は別件のみで起訴し、六月一七日に石川さんは保釈が裁判所で認められて、留置場を出ることになる。ところが、留置場を出たその直後に、今度は殺人で再逮捕された。石川さんは、これに断食で抗議するなか、結局は再逮捕から三日後の六月二〇日に脅迫状作成を認めた。そうして強姦・殺人等は二人の友人がやったとして否認し、三人犯行自白を語った。

石川さんは、その三人犯行自白を三日間維持したが、六月二三日に単独犯行を自白し、すべての容疑を全面自白するに至る。その間、石川さんの自白によって、六月二一日にY子が持っていた通学用の「鞄」が発見され、そのうえで、全面自白後の六月二六日にY子の「万年筆」が石川さん宅から、七月二日にはY子の「腕時計」が自白によって指示された道路わきで発見されたという。

後の裁判では、Ｙ子が被害時に所持していた「鞄」「万年筆」「腕時計」がいずれも石川さんの自白によって発見されたとして、この「秘密の暴露」が石川さんの有罪を決定づけることになる。しかし、これらについても捜査側の証拠の「偽装」あるいは「偽造」が疑われている（このうちの「鞄」については、次の第三章２で触れる）。

以上の経過を確認したうえで、まずここで、石川さんへの取調べがどのようなかたちで行われたかについて、その否認段階を見てみる。

脆弱な証拠での逮捕

石川さんが逮捕されたのは、血液型がＢ型で犯人の型と合致し、Ｙ子さん宅に投げ込まれていた脅迫状と筆跡が酷似しているとの鑑識課員の中間回答があったためである。ただ、警察が石川さんの筆跡を採取したのが五月二一日で、翌二二日に鑑識に回し、正式な結果が出たのは六月に入ってからであるから、これを証拠として五月二三日に逮捕したというのは早すぎる。もちろん、一見して同一人の筆跡だとわかるようなものであれば、正式な鑑定結果が出る以前に逮捕することもありうるし、現に鑑識の中間回答では「酷似」しているとの記載がなされている。しかし、実際に両者を並べて見たとき、素人目にもおよそ「酷似」と言えない。

被差別部落に生まれ育った石川さんは、小学校も満足に通えず、文字の習得が不十分で、事件に出会う二四歳までの間、ほとんど文字を書くような生活をしてこなかった。その石川さんが警察官から求められて事件当日のアリバイを上申書(図2下段)として書き、それが筆跡鑑定に回されたのである。

石川さんが書いた上申書を見れば、平仮名さえも間違っているところがあり、文字はたどたどしく、およそ筆勢に欠けている。一方の脅迫状の方は、当て字もあり、およそ上手とは言えないが、続け字で、筆勢もあって、明らかに文字を書きなれた人の筆跡である。「子供死出死まう」と大きく書いたところなど、当時の石川さんに書けるとはとても思えない。この一点だけを捉えても、両者を比べて同一人の筆跡だとする鑑定結果をにわかには信じることができない。

ただ、石川さんはこのアリバイ上申書で嘘を書いてしまった。石川さんは、事件の日、兄と一緒に近所のMさんの家の屋根の直しの仕事に行っていたというアリバイを申し立てたのだが、警察が調べてみると、じつはそういう事実はなく、明らかに嘘で、石川さんもそのことを逮捕直後の取調べで認めた。事件発生後、周辺で聞き込み捜査が行われて、やがて自分のところにも警察が来るだろうというなかにあって、定職をもたず、ふだんぶらぶらしていた石川さんのことを家族が心配して、嘘のアリバイを用意していたのである。このことが石川さんの容疑を深める。

しかし、逆に考えてみれば、真犯人が調べればすぐにわかるような、こんな安易な嘘をつくものかどうか。むしろこれは無実の人の緊張感に欠ける嘘と見る方が妥当だと思えるのだが、実際には嘘をついたこと自体が問題視され、これが石川さんに不利に働くことになる。

この嘘の問題はともかくとして、捜査側が石川さんに本件の容疑を抱いた根拠は、当初、脅迫状の筆跡だけで、それ以外に確たるものは何もなかった。警察は、これを突破口として、石川さんに対する追及を行っていくが、石川さんはこれを認めようとしない。

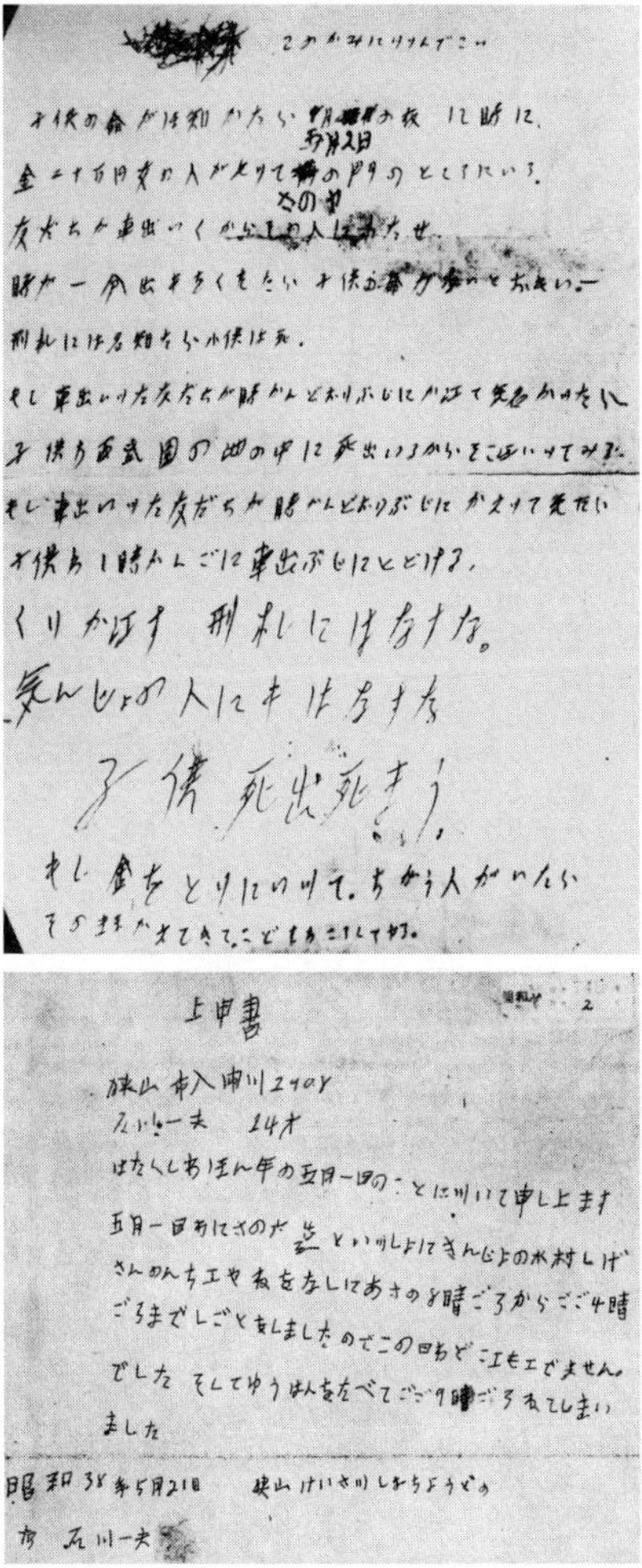
このかみにツツんでこい
子供の命がほしかったら五月2日の夜12時に、
金二十万円女の人がもってさのやの門のところにいろ。
友だちが車出いくからその人にわたせ。
時が一分出もおくれたら子供の命がないとおもい。―
刑札には名知たら小供は死。
もし車出いった友だちが時かんどおりぶじにかえって気なかったら
子供わ西武園の池の中に死出いるからそこえいってみろ。
もし車出いった友だちが時かんどおりぶじにかえって気たら
子供わ1時かんごに車出ぶじにとどける。
くりかえす 刑札にはなすな。
気んじょの人にもはなすな
子供死出死まう。
もし金をとりにいって。ちがう人がいたら
そのままかえてきて。こどもはころしてヤる。

上申書
狭山市入間川2908
石川一夫 24才
わたくしわほん年の五月一日のことについて申し上ます
五月一日あにさんの[illegible]といっしょにきんじょの水村しげ
さんのうちエや根をなしにあさの8時ごろからご後4時
ごろまでしごとをしましたのでこの日わどこエモエでません
でした そしてゆうはんをたべてご後9時ごろねてしまい
ました
昭和38年5月21日 狭山けいさつしょちょうどの
右 石川一夫

図２　脅迫状と当時の石川さんの筆跡（狭山弁護団提供）

石川さんは、当初から一貫して、自分には「字はよく書けないし読めません」からそんなことはできないと主張し、筆跡鑑定の結果を突きつけられて「私も字の先生の言っていることは信用致します」と認めながら、具体的に脅迫状に使われた文字のうち「子供、命、東、西武園、池、刑事、知る、友」などの漢字は、自分には「書けません」と答えている。それはまさに正直な答えで、これ自体は警察も否定していない。

弁護人への不信感

警察・検察はそれでも諦めることなく、石川さんへの追及を繰り返し、六月一四日には最初の逮捕の勾留期限が切れて、別件で起訴、しかし起訴後の勾留をさらに求めた。これに対して、石川さんの逮捕後に家族の依頼でついていた弁護人は、石川さんの保釈を求め、検察がこれに反対したことで、弁護人はさらに勾留理由の開示を請求して、裁判所が六月一八日にその開示公判を行うと決定した。弁護人はこのことを石川さんに「裁判」があると伝え、石川さんはこれを聞いて、そこで裁判官に自分の無実を主張できると期待したという。しかし、ここで結果的に石川さんの期待を裏切る事態が生じてしまう。

裁判所は六月一七日に保釈を認める決定を行い、これによって石川さんは留置場を出た。それは弁護人の求めた結果だった。ところが、警察はその場で待ち構えるようにして石川さんを強姦・殺人容疑で再逮捕したのである。否認をつづけてやっと釈放と思った次の瞬間、ふたたび身柄を押さえられて、取調室に舞い戻った。それは石川さんにとって大変なショックであったはずだ。それだけではない。別件での起訴後の勾留は保釈の決定によって停止され、そのため自動的に開示公判は取りやめになり、「裁判」で裁判官に訴えようという石川さんの期待は裏切られてしまった。

このような法の手続きは、およそ当時の石川さんの理解を超えるもので、このことがきっかけで石川さんは弁護人への不信感を植えつけられてしまう。逮捕された被疑者にとって、弁護人こそが自分の窮地を救う唯一の立場の人間であるべきところ、石川さんにとっては、見ず知らずの弁護人が自分にとってどのような人なのかを理解できず、そもそも「自分にとって敵なのか、味方なのかさえもしばらくわからなかった」(控訴審での石川さんの上申書)という。そうしたなかで期待していた「裁判」の取りやめという、理解を超える事態にさらされて、石川さんは弁護人に対する不信感を募らせ、みずからをますます窮地に追いやってしまう結果となる。

一方で、警察はこの再逮捕後、マスコミの目を避けて、それまでの留置場所を変え、集中した取調べを連日つづけた。ただし、強姦・殺人容疑での再逮捕にふさわしい新たな証拠が上がったわけではなかった。

再逮捕後の取調べで、石川さんは当初、食事を断つなどの抵抗を示していたが、六月二〇日に旧知の警察官、関巡査部長の取調べで自白に落ちる。脅迫状を書いてY子宅へ投げ込んだことを認めたのである。ただし、当初は、Y子への強姦・殺人は連れがやったのであって自分ではないという三人犯行の自白であった。

録音テープに刻まれていた取調官の「証拠なき確信」

石川さんが自白に落ちた時点で、最初の逮捕からすでに二九日が経過している。その間、別件の取調べは別として、脅迫状の作成に焦点を当てた取調べが繰り返された。その取調べがどのようなものだったかについては、当初、取調官が録取した否認調書が一九通残されているのみで、取調べの具体的な様子を直接に知る手がかりはなかった。ところが、事件からほとんど半世紀を経た二〇一〇年になって、取調べの録音テープの一部が、一五時間あまり存在することがわかって、開示された。そのほとんどは自白転落後の取調べだったのだが、ごく一部、自白転落直前の否認段階の取調べの様子が収録されていた。

　そこからは取調官たちの「証拠なき確信」の姿勢がはっきりと読みとれる。たとえば、その一場面を見てみる。以下の反訳からわかるように、石川さんを追及している取調官たちは、けっして暴力的ではなく、ある意味、ていねいに説得していると言ってもよい(文中の■■は聞き取りできない部分を示している)。しかし、目の前の石川さんが、この事件に関して無実かもしれないという可能性を一かけらも考えていない。

Ａ刑事　書いた、書かないは、とにかく、これだけは、これはもう石川君のことなんだから、これは。ねえ。他の人のことじゃねえんだ、これは。なあ、石川君。ん。**ねえ。書いたとか、書かねえとかと、ということはだな。他の人が書いたとか、なんとかいうんじゃねえ。石川君が書いたこと、こりゃ間違いねえんだ。ねえ。だから、そこで、そこだけはね。やはり石川君自身もわかってもらわなくちゃ絶対困ると。**その先はね、これはまた、その石川君の要望で、じゃあこの先はこうしてもらいたいと、ああいうふうにしてもらいたい、というのなら、これはまた、なんだな、話し合いにならんという訳にはいかないけど、ね。お互い話し合って、結局、やってかなきゃいかんと。だけれども、**これはもう話し合う余地ってものがねえんだ、要するに。これは石川君が書いたことに間違いねえんだっていう。これは、はっきり私は、これは申し上げとく。ねえ。これが、あんた、そうでねえなんて後でなったら、大変なことですよ。私らの首かかったって足りねえ[redacted]。ねえ。これはもう、なんだな、石川君が書いたことについては、間違いないんだと。どういう訳で書いたかと。そこんとこだけは、これは石川君に供述義務ってものがある。**

Ｂ刑事　あるんだな。

Ａ刑事　ねえ。他のことは、まあ、別として、その、書いた、書かんということについては、これはもう、当然、石川君のところで[redacted]。ただ、それにはやはり、どういう訳だという訳がなくちゃなんねえんだ。その訳を、私の方へ結局、話してもらいたい。これはもう論議の余地はないですよ。これはね。うん。ああじゃねえのこうじゃねえのって、書いたの、書かねえのと言ってる、ん、ことじゃねえ。書いたことについては間違いない。だから、それを、そこの部分だけは、やはり、その、なんだ、石川君にも責任持ってもらうと。ね。どういう訳で書いたっていう責任だけは、結局、一応持ってもらわんと。これだけは、これは石川君、なんだよ、やむをえない話ですよ、これは、石川君。これだけはわかってもらわんとね、石川君ね。他のことは別として、それだけわかってもらわんと。

石川さんは否認しているのに、取調官たちはそれに耳を貸そうともせず、脅迫状を書いたか書いてないかは、もうはっきりしていると決めつけ、大事なのは「どういうわけで書いたのか」をはっきりさせることだという。

先にも見たように、問題の脅迫状と石川さんの上申書の筆跡を比べて、これを同一人のものと見るのはむずかしい。素朴に見れば、少なくとも脅迫状は石川さんが書いたものでない可能性を考えるのが当然であろう。にもかかわらず、A刑事らはこれを書いたのは石川さん以外にはありえないとして、それを大前提に追及を進めているのである。まさに「証拠なき確信」というほかない。

「いくら聞かれてもおんなじ」

取調官は有罪を前提に、石川さんの弁明にいっさい耳を傾けないまま、繰り返し追及をつづけ、これに対して石川さんは、この時点でもう二九日間にもわたって否認しつづけてきた。石川さんが無実であれば、そこで味わう無力感はいかばかりかと思わざるをえない。じっさい、石川さんは三人の警察官に取り囲まれ、同じ追及を繰り返し受けて、ほとんどことばを返していない。そして、以下の場面で石川さんは「おんなじですよ」「いくら聞かれてもおんなじ」とつぶやいている。

Ａ刑事　それで、なんだよ、ほれ、そこの部分だけは、これはもう何遍も言うけんども、石川君が書いたとか、書かないとかなんてことは、問題じゃない、そんなものは。もう書いたことは、これははっきりしてるんだ。

Ｂ刑事　うん。

Ａ刑事　ねえ。これは私らが、石川君がこうやって書いているところ見ていた訳じゃねえけれども、これはもう、書いたことについては間違えっこねえんだよ。ねえ。ただ、どういう訳だということだけを、なんだな、[redacted]を話してもらいたいと。しかし、さっきも言うように、茶碗どこにやったという話じゃねえんだから。[redacted]石川君。な。どうだ、石川君？

石川　おんなじですよ。

A刑事　ん？

石川　いくら聞かれてもおんなじ。

足利事件の菅家さんは、有罪前提の謝罪追求型取調べに一日さらされただけで落ちた。それに対して石川さんは二九日間耐えて、なお否認をつづけている。しかも、保釈直後に再逮捕されたことに反発して、この頃、石川さんは断食で取調べに抵抗していた。石川さんが無実だとすれば、そこで味わいつづけた無力感は想像を絶するものであったろう。

そのうえ最初の逮捕の段階で、二三日間を頑張りぬけば釈放されるという見通しを弁護人からも伝えられていたはずである。人はどれほど辛く苦しいことも、いついつまで頑張れば切り抜けられるとわかっていれば、耐えて自分を守ることができる。現に石川さんは最初の逮捕での取調べには耐えた。しかし、石川さんは再逮捕によって、いつになったらこの苦しみから逃れられるのかの見通しを失ってしまった。そうなれば、もはや自分を守ることはできない。

どうしようもない無力感にさらされつづけただけでなく、これにいつまで耐えなければならないかの見通しを失って、石川さんは絶望の淵に追いやられる。この厳しい状況に置かれて、どれだけの人がみずからの真実を守りきることができるだろうか。

旧知の巡査部長の説得で落ちる

石川さんが自白に落ちたのは、それまで二九日間にわたって追及してきた刑事たちの前ではなく、自分が地元の野球チームで親しくしていた巡査部長関源三の説得によってであった。警察の失態が国会で取り上げられるという大事件で、地元の巡査部長が被疑者取調べに入るというのはおよそ異例のことだったが、捜査陣からすれば、いつまでたっても頑強に否認する石川さんの気持ちを少しでも和らげようという意図があったのであろう。

石川さんが自白に落ちたときの様子を報告した関巡査部長の「被疑者石川一雄の自供調書作成について」という報告書がある。この報告書も、長く非開示のまま表に出ていなかったのだが、録音テープの開示と同時に弁護側に開示された。それによれば、関巡査部長がこの取調べに入ったのは六月二〇日の「午後八時頃より」という。

当時、石川さんは食事を拒否して取調べに抵抗していた。その石川さんに対して、H警視が「飯を食わないのか」と聞くと、「飯は食わない。飯を食わなけりゃ、やせていく。そうすれば死んじゃうんだ」と答え、そこで関巡査部長は「馬鹿を言うな」と叱ったという。これに対して石川さんが「俺はいいんだ」と反抗的な態度をとったので、関巡査部長は次のように諭したと、その報告書に記載されている。

本職は、石川の手を握り、

石川、俺はお前の家の近所だ。おとっさんやおっかちゃんに言伝があったら、内密で俺に言へって幾度も言ってるんだろう。この間、姉さんが持って来たせんべいだって、おっかちゃんがよこしたと言って持って行け、と言って俺が持たしてよこしたんだ。お前が其んな気持でいるんなら俺は其んな事はしない。第一、俺がおとっさんやおかっちゃんに聞かれた時、お前が死んぢまあんだと言って、飯を食わねい、と言へるか。おれは言はねいぞ、と説得した処、突然、被疑者は大きな溜息をつくと同時に、涙をぼろぼろ流し、すすり泣きとなり、二、三分無言で居り、その泣き方は益々強くなり、ウーンウーンとこらい泣きを続けておりました。

本職は、

石川、お前が其んな気持でいるなら、話す事はないから帰るぞ

と言って立ち上った時、被疑者は突然本職にすがり泣き乍ら、

「俺は、関さん、Y子ちゃんは殺さねいんだ。手紙を書いたのは俺だ。手紙を持って行ったのは俺だ」

と犯行の一部を自供したので、別紙のとおり供述調書を作成した。

この報告書が述べる石川さんの自白転落場面は、開示された録音テープに収められていない。しかし、おそらくこの報告に嘘はない。現に、この報告書にいう通り、関巡査部長の署名を付した六月二〇日付供述調書が第一審の段階で提出されていて、そこには脅迫状の作成を認め、三人

犯行の自白が記録されている。そして、石川さんが涙を流して自白に転落したというのであるから、これをそのまま読めば、この録取された自白は、まさに真犯人の自白のように見える。しかし、その経過はそのように単純なものではない。

石川さんを自白に落とした三つの要因

石川さんの自白は、このようなかたちで三人共犯自白からはじまって、三日後の六月二三日には単独犯行を自白し、そこから自白内容が徐々に具体的かつ詳細になって、その自白内容に合致する物的証拠もそろえられて起訴にいたる。この自白過程について、裁判所は一貫してその任意性を認め、また最終的に到達した単独犯行自白の内容には信用性があるとして、第一審は死刑、第二審は無期懲役の判決を下し、最高裁も石川さんの上告を棄却した。かくして無期懲役判決が確定し、その後繰り返された再審請求でもこれはくつがえっていない。

裁判所は、石川さんが自白に落ちていく過程に、無実の人が虚偽の自白に落ちた可能性があったとは考えなかった。たしかに、取調官が石川さんに対して暴力的な取調べを行った形跡はなく、一応は脅迫状の筆跡が合致するとの鑑識結果に基づいて追及している。その意味では、表向きだまし討ちによる欺瞞的な取調べを行ったわけでもない。したがって、従来の虚偽自白モデルに則って見るかぎり、裁判所がその自白過程に任意性を認めたのは不思議でない。しかし、先に提示した新たな虚偽自白過程モデルのなかにこれを置いてみたとき、そこに無実の人を虚偽自白へ追い込んでしまう重大な危険性があったことはあきらかである。

第一に、そもそも取調官たちは、石川さんに対する取調べにおいて、無実の可能性をまったく念頭に置かず、有罪を確信して取り調べた。その「証拠なき確信」の下に有罪方向へと向かう強力な磁場が働く。そこに無実の人が巻き込まれて、いくら言っても聞いてもらえない状況にさらされれば、無力感に押しつぶされてしまう。これこそが虚偽自白の最大の危険要因である。

第二に、どんなに辛いことでも、いついつまで我慢すれば切り抜けられるとわかっていれば、耐えられるが、その見通しを失ったとき人は崩れる。石川さんの場合、無実の可能性を考えない取調べが、えんえんとつづいて、これに耐えた挙げ句に、別件で起訴され、やっと保釈が認められたかと思ったとき、今度は殺人で再逮捕されて、あらためて厳しい取調べがはじまった。そうなると、もはやこの先どうなるのかの見通しがもてない。

第三に、そうして無力感と絶望感に押しひしがれているなかで、最初に石川さんから自白を引き出したのは、地元で親しくしていた警察官だった。石川さんからすれば、逮捕によって、家族を含む周囲の人たちとの人間関係の網の目から一人引き抜かれ、見ず知らずの取調官たちに取り囲まれて、孤立無援のなか、何をいくら言っても聞いてもらえない状況がつづいて、再逮捕後は、まその状況がいつまでつづくのか見通せないところにいた。関巡査部長が取調べに入ったのは、まさにそのような状況のなかだった。

無力感にさいなまれ、見通しを失って絶望の淵にあった石川さんが、家族とのあいだを取りついで差し入れなどしてくれる関巡査部長にすがる思いを抱くのは自然であろう。しかし、関巡査部長もまた捜査チームの一人である。県警本部から派遣された警視をはじめ熟練の刑事たちの取調べに、最下位の立場で参加したとき、心底でどう思っていたかはともかく、その場では有罪方向へと向かう強力な磁場に身をまかせるしかなかったはずである。どれほど親身になってかかわったとしても、少なくとも石川さんの無実の主張に、素直に耳を傾けられる立場にはなかった。

これだけの危険要因が重なってしまえば、どれほど精神力の強固な人でも、抵抗するのはむずかしい。しかし、これまで裁判所はこれらの心理的な危険要因をまともに取り上げて検討してこなかった。

3　まったく耳をかさない取調べ

清水事件がたどった経過

清水事件で取調べを受け、自白に落ちた袴田巖さんの場合も、狭山事件の石川さんの場合と同様に、事件からほぼ半世紀たって取調べ録音テープが開示された。そこからは、その取調べの苛烈な様子をうかがうことができる。

清水事件は、いまから五〇年以上も前、狭山事件から三年後の一九六六年六月三〇日未明に、静岡県清水市(いまは静岡市清水区)で起こった事件である。清水市の味噌製造販売会社の専務Hさん宅で一家四人が刺され、放火されて殺された。この事件はこれまで袴田事件と呼ばれてきたが、ここでは清水事件と呼ぶ。

この事件で犯人とされた袴田巖さんは、このHさんが経営する味噌工場の住み込み工員として働いていたが、事件後に左手の指に怪我をしていたこと、また彼のパジャマに自身の血液型とは異なる血が付いていたことで疑われ、尾行まで付ける捜査の挙げ句に、事件から四九日目の八月一八日、任意同行での取調べの後に逮捕された。

袴田さんは、最初こそ取調官の追及に反発して抵抗していたが、逮捕から一九日間にわたって連日、ときには深夜にまでおよぶ取調べがつづいて、そのなかでパジャマにどうしてほかの人の血が付いたのかを説明しろと執拗に責められ、その追及に屈して、九月六日に全面自白に落ちた。そこから袴田さんはいくつもの自白調書を取られ、九月九日には起訴。その後もさらにたくさんの自白調書が取られて、裁判では警察調書計二八通、検察調書計一七通、合わせて四五通の自白調書が証拠として提出された。

袴田さんは裁判になると同時に、捜査段階の自白は虚偽だったとして否認に転じたが、第一審判決は、この自白調書のうち四四通を証拠から排除し、検察調書一通のみを証拠として採用するという異例の判断を示した。

警察調書二八通を排除したのは、九月六日に自白に落ちるまで「連日、一日平均約一二時間の取調べであったこと」、またその「取調べは、――外部と遮断された密室での取調自体のもつ雰囲気の特殊性をもあわせて考慮すると――被告人の自由な意思決定に対して強制的・威圧的な影響を与える性質のもの」であって、自白に任意性を認められないからだという。それ自体はまっとうな判断と言ってよい。

一方の検察調書については、九月九日の起訴直前に録取された一通を除いて、その後に取られた一六通は、起訴されて被告人の身分になった者に対して取り調べたものであって、被疑者の身分にある者に対してと違って、強制捜査は認められない。本件の場合、被告人の身分にある者に、任意捜査であるとの了解なしに「被告人の取調」を行ったものであって、そこから得た自白調書は許容できないとして、これも証拠から排除した。結果として、起訴前の九月九日検察調書一通だけが残り、この検察調書については、警察でのそれまでの任意性を欠いた取調べの影響を排除しており、その任意性はあるとして、これを証拠として採用したのである。

そうして一九六八年、第一審裁判所は袴田さんに死刑の判決を下し、その判決が最高裁に至るまで認められて、一九八〇年に死刑が確定する。

袴田さんは、起訴後、公判廷で一貫して否認したが、その主張が認められることはなかった。とりわけ問題となったのは、第一審の審理の最中に味噌工場の味噌樽のなかから血染めの五点の衣類が発見されたことで、検察側は犯行時の着衣をこの五点の衣類だとして、パジャマを犯行着衣とする冒頭陳述の犯行筋書を修正し、それを裁判所も認めたことである。しかし、もしこの五点の衣類が犯行着衣であるとすれば、袴田さんは捜査段階で自身のパジャマに血が付いていたとして、その説明に窮して自白に落ちたという事実をどのように説明すればよいのか。袴田さんが犯人だとすれば、およそお門違いの証拠を突きつけられて自白に落ちたことになる。この問題を裁判所は正面から取り上げることはなかった。

この事件について、私は第一次再審請求において、四五通の自白調書の全体を分析し、一九九二年に静岡地裁に鑑定書を提出したが(この鑑定書は、『自白が無実を証明する』北大路書房、二〇〇六年として単行本化している)、その二〇年あまりのちになって、取調べ段階の録音テープが四六時間にわたって収録されていることが判明し、これが弁護側に開示された。私はその開示を受けて、あらたに自白過程を分析し、二〇一七年に東京高裁に鑑定書を提出している。

開示された取調べ録音テープ

取調べ場面を収録した録音テープは、無実の人がなぜ虚偽の自白に落ちていくのかを知るための強力なツールとなる。狭山事件の場合は、否認段階の録音テープがわずかしかなかったが、その点、清水事件の場合は、取調べ録音テープが四六時間分あって、そのうち否認段階のものが三二時間と、狭山事件よりはるかに長い。

この取調べ録音テープを聞けば、ここでも取調官たちは袴田さんの無実の可能性をまったく考えず、それゆえ取調室に「有罪方向へと導く強力な磁場」の渦巻く様子が、はっきりと読み取れる。もしこの録音テープが第一審段階で法廷に流されていれば、その判決にも影響したと思わざるをえない。あるいは、せめて第一次再審請求の段階で、私が袴田さんの自白の鑑定を求められたとき、この録音テープが開示されていれば、その自白のもつ危険性をさらに具体的に明らかにできたはずである。

私が最初にこの事件で供述鑑定を行ったとき、与えられた供述データは、自白調書四五通だけで、それ以前の一九日間の否認過程については、否認調書すら一通も提出されておらず、そこでどのような取調べがなされていたのかを知るすべはなかった。そのように限られた供述データしか与えられていない状況下であっても、四五通の自白調書をその全体を通して供述分析すれば、そこには見逃すことのできない問題が浮かび上がってくる。

じっさい、九月六日の時点で、一家四人を刺しガソリンを撒いて火をつけたという内容の、言わば全面自白に落ちていながら、そこで展開される犯行筋書が、六日、七日、八日と、文字通り日替わりで大きく変遷している。それを素直な目で分析するかぎり、およそ真犯人の自白過程としては理解しがたい。ところが、先にも指摘したように、第一審判決は四五通の自白調書のうち九月九日付検察調書一通だけを証拠として採用したことで、自白転落後に日替わりで犯行筋書が大きく変遷したという問題は表面上見えなくなり、調書間にあったその他もろもろの矛盾も検討対象からはずされてしまった。

このような法的な判断でもって、一通を除く四四通の自白調書を検討対象から排除し、そのことで当の自白の問題性が隠されてしまうということ自体が、心理学的な供述分析の視点からはおよそ信じがたい。そこで私は、提出された自白調書四五通のすべてを分析データとして、これを時系列に沿って分析し、その結果として、これは無実の人の虚偽自白経過を示す以外のなにものでもないとの結論に達した。つまり、自白そのものが無実を証明する。そうした一見逆説的な鑑定意見を裁判所に提出することになった。しかし、裁判所にとっては、この発想自体が受け入れがたいものだったらしく、一顧だにされずに終わった。

裁判所が一通の検察調書のみを採用した理由

それにしても第一審裁判所は、検察側から提出された四五通の自白調書のうち二八通の警察調書は任意になされたものとは言えないとして排除しておきながら、それと相前後して録取された九月九日付検察調書一通だけはどうして任意性を認めたのか。

ここで袴田さんの取調べが八月一八日にはじまって、九月六日に自白に落ち、九月九日付検察調書が取られて、その直後に起訴される、そこまでの取調べ状況を表2にまとめて見てみる。この表に示した「取調べ時間」は、袴田さんが留置場を出て取調室に入っていた時間を「留置人出入り簿」から算出したものである。最初の日から一二時間を超える日がほとんどで、最高は一六時間を超えていることがわかる。その日は、取調べが深夜におよんでいる。この表の右の列に記しているのが、Y検事が取り調べた時間である（なお、録音はされていないが取調べがあった日については、Y検事の公判証言によってたとえば「二時間」の取調べをしたとしていれば「（二時間　録音なし）」というふうに記載している）。

これを見ればわかるように、清水事件を担当したY検事は、否認の段階で警察官の取調べに並行して六回の取調べを行い、袴田さんが九月六日に自白に落ちてからは、九月八日に三時間、九日に五時間の取調べを行っていて、その結果が九月九日付検察調書に録取されたことになる。問題は、このY検事の取調べが警察官の取調べと違って、はっきり任意性を認めてよいような中身であったかどうかである。しかし、確定審となった第一審当時は、取調べの録音テープが開示されておらず、Y検事が自身の取調べについて語った法廷証言によって、任意性を判断するしかなかった。

表２　清水事件　取調べの経過

日付	取調べ時間（留置場出入簿による）	録音テープに収録された時間	
		警察官取調べ	Y 検事の取調べ
8.18	13 時間 27 分	10 時間 03 分	
19	10 時間 50 分	2 時間 33 分	
20	9 時間 23 分	録音なし	2 時間 10 分
21	6 時間 20 分	3 時間 15 分	1 時間 5 分
22	10 時間 51 分	1 時間 20 分	
23	12 時間 50 分	録音なし	
24	12 時間 07 分	録音なし	
25	12 時間 25 分	28 分	
26	12 時間 26 分	38 分	
27	13 時間 22 分	40 分	（2 時間　録音なし）
28	12 時間 32 分	3 時間 09 分	
29	6 時間 25 分	録音なし	1 時間 49 分
30	12 時間 48 分	1 時間 10 分	
31	9 時間 32 分	録音なし	1 時間 33 分
9.1	13 時間 18 分	録音なし	
2	11 時間 15 分	録音なし	（2 時間　録音なし）
3	11 時間 50 分	なし	
4	16 時間 20 分	1 時間 06 分	
5	12 時間 50 分	1 時間 05 分	
6	14 時間 40 分	10 時間 42 分 警察調書 6 通 （犯行筋書Ⅰ）	
7	11 時間 30 分	録音なし 警察調書 1 通 （犯行筋書Ⅱ）	
8	11 時間 50 分	1 時間 05 分 警察調書 1 通 （犯行筋書Ⅲ）	（3 時間　録音なし） 調書作成せず
9	14 時間 00 分	録音なし 警察調書 2 通	（5 時間　録音なし） 検察調書 1 通 調書作成後に起訴
10 ⋮	11 時間 18 分	録音なし	（？時間　録音なし） 検察調書 2 通

Ｙ検事の証言によれば、自分の取調べに「司法警察員を立会わせたことはない」し、自白転落後も袴田さんに「警察と検察庁とはちがうのだから、警察の調べに対して述べたことにはこだわらなくていい」と注意して取調べ、さらに取調べに際して警察で取られた「司法警察員作成の自白調書を参考にするようなことはなかった」という。第一審判決は、このＹ検事の法廷証言に依拠して、たとえ警察での取調べに任意性を欠いたところがあったとしても、九月八日、九日の検察官の取調べは、それまでの警察での任意性を欠いた取調べの影響を遮断しえたとして、その任意性を認め、九月九日付検察調書一通を証拠として採用したのである。

判決に書き込まれた異例の付言

第一審判決は、こうして四五通の自白調書のうち一通のみを採用して、死刑判決を下すという特異なものとなった。問題はそれにとどまらない。

そもそも第一審判決は公判中に発見された血染めの五点の衣類を真の犯行着衣だとして死刑判決を下した。ところが、袴田さんは捜査段階の取調べで自身のパジャマに付いた血を説明しろと迫られて、結局はそれを説明しきれずに自白に落ちたという。そしてその後に袴田さんが語った犯行筋書でも犯行着衣は自身のパジャマだったことを前提に自白がなされている。この事実をどう考えればよいのか。第一審判決は、この問題について、「付言」で以下のような奇妙な解釈を行っている。

すでに述べたように、本件の捜査に当って、捜査官は、被告人を逮捕して以来、専ら被告人から自白を得ようと、極めて長時間に亘り被告人を取調べ、自白の獲得に汲々として、物的証拠に関する捜査を怠ったため、結局は、「犯行時着用していた衣類」という犯罪に関する重要な部分について、被告人から虚偽の自白を得、これを基にした公訴の提起がなされ、その後、公判の途中、犯罪後一年余も経て、「犯行時着用していた衣類」が、捜査当時発布されていた捜査令状に記載されていた「捜索場所」から、しかも、捜査官の捜査活動とは全く無関係に発見されたという事態を招来したのであった。

捜査官が「専ら被告人から自白を得ようと、極めて長時間に亘り被告人を取調べ、自白の獲得に汲々として、物的証拠に関する捜査を怠った」ために、その結果として「被告人から虚偽の自白」を引き出すことになったというのである。ここに言う「虚偽の自白」は、無実の人の虚偽自白ではなく、「真犯人の虚偽の自白」である。こんな理屈が成り立つものであろうか。

たしかに、公判中に発見されたこの五点の衣類が真に「犯行時着用していた衣類」であり、かつそれが袴田さんのもっていた衣類であることが間違いなく証明されたならば、判決が言うように、袴田さんは真犯人で、かつその真犯人が犯行時着衣をあえて偽って「パジャマ」だったと嘘をついたと言うほかない。しかし、この五点の衣類が本件犯行時の着衣だという点にも、これが袴田さんのもっていた衣類だという点にも、重大な疑問がある。

そもそもこの五点の衣類に付いた血液は、その付着状況が奇妙で、たとえば本当に犯人がこれを着ていたとすれば、下半身はブリーフ、ステテコ、ズボンの順にはいていたはずで、一番上のズボンに血液が付けば、同じ血液がその部位の下のステテコ、さらにブリーフへと染みていくことになるが、そのような付着状況になっておらず、同一の対応部位に違う血液型の血が染みていたりする。そうした疑問は再審請求の早い段階から指摘されていた。また、第一審の審理過程では、ズボンが細すぎて袴田さんにははけず、ズボンは袴田さんのものではない疑いがあった。それに対して検察は、味噌に長く浸かっていたために縮んだのだと反論したが、その証明はない。

そうした重大な疑問があるうえに、再審請求がはじまって三三年後の二〇一四年には、五点の衣類に付着した血液のＤＮＡ鑑定を行った結果、それが被害者の血液でも袴田さんの血液でもない疑いが濃厚となって、静岡地裁はこの着衣には証拠偽造の疑いがあるとして再審開始の決定を下したのである。そうすると、この第一審判決の「付言」はまったく的外れなもので、真犯人が自白して犯行着衣のみを偽ったという「真犯人の虚偽の自白」などではなく、その自白のすべてが「無実の人の虚偽の自白」でしかなかったという結論を避けられない。

四〇年後の裁判官の告白

先の第一審判決がその「付言」で述べたように、「被告人を逮捕して以来、専ら被告人から自白を得ようと、極めて長時間に亘り被告人を取調べ、自白の獲得に汲々として、物的証拠に関する捜査を怠った」という認定が正しかったとすれば、その認定の延長上で、無実の被告人に虚偽の自白をさせてしまった可能性が高いという話になるのが筋である。ところが判決は、先に見たような理屈をつけて、起訴前の検察調書一通のみを証拠として採用して、ただ犯行着衣については「真犯人の虚偽の自白」を引き出したと言う。しかし、もしその通りだとすれば、一家四人殺しの大事件を全面的に認めた真犯人が、そのうえで、どうして犯行着衣についてだけ嘘をつかなければならなかったのか。また、どうして真犯人がパジャマの血というお門違いの証拠を突きつけられて自白に落ちることになったのか。その理由を解明しないかぎり、判決はつじつまがあわない。

じつは、この第一審判決について、この判決を書く立場にあった熊本典道裁判官が、事件から四〇年以上が経過した時点で、自分はこの事件について無罪の心証をもったが、二人の先輩裁判官を説得しきれず、やむなくこの死刑判決を書くことになったと告白している。じっさい、そのように見なければ、判決に含まれる不整合を理解することはできない。元裁判官の秋山賢三氏は、熊本氏が告白する以前に、第一審判決を読み込んだうえで、その内容には論理的な不整合が目立ち、裁判官三人の合議に破綻があったことが読み取れると指摘していた。

裁判官が自分の関与した事件に関して、その合議の内容を外に漏らすことは許されないとされる。しかし、熊本氏のこの異例の告白はまさに真実のものだったと考えざるをえない。熊本氏が不本意ながら書いたこの判決は、後に高裁、最高裁をへて確定し、袴田さんを死の淵に追いやったというだけでなく、同時にその後の熊本氏を一生苦しめることになった。熊本氏は、この判決から半年後に裁判官を辞め、弁護士になるが、その後もこの判決を悔いて、その人生をすっかり狂わせてしまったことが知られている。

袴田さんの当初の抵抗

では、そもそも袴田さんの自白過程はどのようなものだったのか。第一審判決は自白にいたるまでの警察官の取調べについて、「連日、一日平均約一二時間」行われ、「外部と遮断された密室での取調自体のもつ雰囲気の特殊性をもあわせて考慮すると――被告人の自由な意思決定に対して強制的・威圧的な影響を与える性質のもの」と認めた。この判示部分については、おそらく無罪心証をもった熊本裁判官の判断だったと思われるが、じつは　その取調べの様子が、録音テープに収録されて警察署に保管されていたのである。

ここで注目しなければならないのは、否認段階の取調べである。開示された否認段階の録音テープ三二時間のうち、警察官の取調べが二五時間強、検察官の取調べが七時間弱である。それを通して聞いたところで、まず指摘しなければならないことは、先に見た石川さんの場合と同様に、関与した取調官たちが誰一人として袴田さんの無実の可能性を考えず、徹底して犯人に違いないとの前提で追及していることである。

任意同行を求められた八月一八日、取調べは早朝の六時四〇分にはじまり、夕方の五時三二分に逮捕、それ以降は逮捕下での取調べが深夜まで続いている。この取調べで取調官は、最初から、押収したパジャマに袴田さん自身のものではない血液が付いていたという点を取り上げて責めている。しかし、後の検証から明らかになったところによれば、この血液型鑑定そのものが曖昧なものでしかなかった。いや、それがたとえ明確だったとしても、ABO型の血液型鑑定から推測できる範囲は限られていて、それだけで袴田さんを犯人と断定することはおよそできない。にもかかわらず、取調官たちは、もうこれで間違いないかのごとく、袴田さんを犯人と決めつけ、断固たる姿勢で追及を繰り返している。

具体的に警察での取調べの一場面を引用してみる。八月一八日の任意同行下の取調べがはじまって一〇時間近く経過した時点でのやりとりである。取調官は、袴田さんのパジャマに袴田さんの血液型とは「違った血液が付いている」というところから、彼を犯人と決めつけて、「人間性に立ち返ってね、頭を下げるもんだよ」と説教しつつ、次のように迫っている。

M刑事　お？　そりゃそうだよ、そんなことはおめえ分かってるだよ。な。それより違った血液が付いているということだな。これに対しておまえは、そうじゃないという、な、付いていなかったということを先ほど来、主張してるわけだ。ええか。ところが、な、俺がそこへ取り寄せた鑑定書を見ると、あれはもう権威だぞ。裁判の、裁判所へ行ったって、これはもう証拠として取り上げられるわ。な。要するに、技官、技師。な。大学を出た、その人たちがな、何日かかかって、な、そして、鑑定の結果を出すわけだ。その鑑定の結果が違うということは、これはもう、到底あるべきことじゃない。な。しかも、その血液がだよ、おまえ以外に、な、二つ出てる、二つ違ったのが。な。これを、おまえ、言われたときには、おまえ、しょうがないぞ、これは頭下げんと。このいきさつはね、話をしなくちゃしょうがないぞ、これは。ええか。おまえ、「鑑定書見してくれ」っていうなら、俺、今でも見して、見してやってもいいけれども。な。

袴田　[redacted]見してもらう。

M刑事　お?

袴田　見してもらう。

M刑事　そりゃ、今(不明)、後で見してやるよ。

袴田　いや、今、見してもらう。

取調官によれば、パジャマに付いた血液について、「大学を出た」「技官が」「何日かかかって」

「鑑定の結果を出」した。その「鑑定書」がある以上、袴田さんが犯人だという以外にない。じっさい、右の引用の後では「おまえの血液以外のものも付いてるっていうことになると、おまえさんは黒という判定が出る」、そうなると「証拠固めががっちりできて」、もう「この事実はしょうがないぞ」という。それに対して袴田さんはそんな鑑定書があるのなら「見してもらう」と反発して、「知らんものは、どこまで行っても知らんよ、俺は」と否定している。

こうした取調べが、その後も連日、長時間にわたってえんえんとつづく。そして取調べ開始から一〇日ほどもたった時点で、「見してもらう」と言っていた血液型鑑定を見せられて、それでも袴田さんは納得せず、否認しつづけている場面が、録音テープに収められている。ただ、その頃になると、袴田さんはいくら否認し、抵抗し、訴えても、まったく聞く耳をもたない取調官の追及にすっかりまいってしまって、ほとんど喋れなくなっている。

確信するにはあまりに脆弱な証拠

取調官たちは、袴田さんのパジャマに袴田さん自身のものとは異なる血液型の血が付いていたとの鑑定が出ているのだから、袴田さんが犯人に間違いないと言う。しかし、血液型だけで犯人と断定するのはあまりに乱暴な話である。それに、後に明らかになったところによれば、その付着血液は微量で、科警研に送付して見てもらったところ、血液型は判定できなかったというもので、その鑑定自体が明確ではない。

そのように不確かな証拠で犯人と決めつけて追及すること自体が理不尽だが、取調官の側にはそのことを問題にするような空気がまったくうかがえない。後に静岡県警が本件捜査過程を検証した内部資料『捜査記録』によれば、最初の勾留期限が切れる前日の八月二九日、取調官をそれまでの四名から六名に増やしたとして、次のように記載している。この日、すでに取調べ開始から一二日目である。

八月二九日、静岡市内の本県警察寮芙蓉荘において本部長、刑事部長、捜一、鑑識両課長をはじめ清水署長、刑事課長、取調官による検討会を開催し、取調官から取調の経過を報告させ、今後の対策を検討した結果、袴田の取調べは情理だけでは自供に追込むことは困難であるから取調官は確固たる信念を持って、犯人は袴田以外にはない、犯人は袴田に絶対間違いないということを強く袴田に印象づけることにつとめる。これは取調べの経過その他から袴田を事件後五〇日間泳がせてあったため、警察の手のうちや、新聞記者との会見などから犯人は自分ではないという自己暗示にかかっていると考えられたので、この自己暗示をとり除くためには前述のように犯人だという印象を植付ける必要があると考えたからである。

袴田さんは「犯人は自分ではないという自己暗示にかかっている」、それゆえ「取調官は確固たる信念を持って、犯人は袴田以外にはない、犯人は袴田に絶対間違いないということを強く袴田に印象づけることにつとめる」というのである。しかし、その取調官の側の「確固たる信念」の根拠はまことに脆弱なものでしかない。そうだとすれば、「自己暗示にかかっていた」のは、むしろ取調官たちの側ではなかったのか。

自白に落ちる前日の取調べ

八月一八日に任意同行下での取調べにはじまって、同日夕刻には逮捕、その後も取調べが連日、長時間にわたってつづくなかで、袴田さんは、先にも見たように、最初はしっかり否認していたが、日がたつにつれ元気を失い、口数も減って、録音テープ上は、ただただ取調官の説教がえんえんとつづくようになっていく。いくら言っても聞き入れてくれない取調官を前に、袴田さんはほとんど口を利くこともできない。

最後の最後、自白に落ちる前日の九月五日には、取調官が二人がかりで、おっかぶせるように自白を迫り、袴田さんは押し黙っている。その場面の一部を以下に引用する。

J刑事　**袴田。言ってみろ。**
K刑事　（不明）。
J刑事　**言ってみろ。言ってみろ。**
K刑事　**な。[redacted]。**

J刑事　スッとする。スッとする。おう？

K刑事　ね。なぜな、なぜそんなことを[redacted]、申し訳なかったと、ね、Hさんっつって、それでいいだ、それで、ね。（不明）と。

J刑事　（不明）。なあ。

K刑事　ね。（不明）涙をなあ、なあ、（不明）涙を。うん？　え？　涙を流して[redacted]になりなさい、（不明）。

J刑事　袴田。

K刑事　な。

J刑事　袴田。おう？

K刑事　ん？

J刑事　どうだ？

K刑事　うん？

J刑事　何を迷っとるだ？　[redacted]。

K刑事　何も迷うことはないじゃないか、おまえ。な。ダメだ、そんなことじゃ。

J刑事　袴田。

K刑事　うん？　袴田、な、（不明）話をしなさい。だから、いいだ、もう。な。もう時期が来てるんだ。な。**おまえは**[redacted]**の犯人だ。な。な。四人を殺した。な。犯人だぞ、おまえは。**

三人の警察官が寄ってたかって袴田さんに謝罪を求めているが、そこには袴田さんの声はまったく入っていない。

J刑事　**被害者に謝罪してみろ。謝罪してみな。**

K刑事　そうしてな、そして、自分の[redacted]、そういう[redacted]のことを、な、な、どうしてもここへ出して、清々した気持ちにならにゃしょうがないじゃないか。**もうやったことはしょうがないぞ、おまえが殺したこと。これはもう事実だ。おまえはその犯人だ。ね。絶対間違いない。**ね。そんなものを、おまえが、今、叫んでるじゃないか、被害者が。「袴田さん、ね、ね、[redacted]私をこういうふうに苦しめて、ね、しかもな、命まで奪ってしまって、ね、平然としちゃ困るじゃない」と。な。「どうかひとつ、な、申し訳ないということだけを教えてくれろ、言ってくれろ」と、な、「私らにも何か原因があったけども、な、それまで全然[redacted]じゃないか」と。ね。「金が欲しけりゃ、ね、金(不明)」と、言うじゃないかっちゅうだ、おまえ。な。(不明)、袴田。今夜はおまえ、袴田、おまえ、一番、な、素直な袴田になってる。ね、もう少し素直になって、な、な、素直になって、勇気を出しなさい、勇気を。ね。**勇気を出して、謝罪をしなさいよ。**な。そんなことで頑張ってるじゃない、袴田。

J刑事　袴田。

K刑事　な。袴田。

J刑事　**被害者に、あ、謝るのがだな、おまえ救う道だよ。**自分を■■。袴田。

取調官たちは袴田さんの無実の可能性をかけらも考えていない。その取調べがえんえんとつづく。第三者であっても、これをしらふで聞きつづけるのは辛い。しかも、ここに反訳を引用したのは、時間にしてせいぜい数分でしかない。そのすべてを引用して本にすれば、録音テープに残っているだけでも、新書にして五、六冊にはなろう。そうした取調べが一日平均一二時間、連日つづけられたとすれば、これを正面から受けて耐えることはむずかしい。この取調べの具体的な様子を録音テープで追跡してみれば、無実の人がこれに耐えられなくて自白に落ちたとしても当然と見えてくる。

Y検事の取調べ

そのうえで問題は、第一審判決において唯一証拠として認められた九月九日付検察調書をどう見るかである。第一審判決は、任意性を欠いた警察官たちの取調べの影響力について、検察官は自白転落後に「警察と検察庁とはちがうのだから警察の調べに対して述べたことにはこだわらなくていい旨注意して取調べを行った」との検察側の主張を認容して、その任意性を認めている。しかし、そもそもその程度の注意で、警察取調べの影響力を遮断できただろうか。

警察官たちが、これまで見てきたように「証拠なき確信」に囚われて、もっぱら有罪方向でしか追及しなかったのに対して、Y検事の取調べは具体的にどうだったのか。もしその取調べが、警察官たちが示したような露骨な「証拠なき確信」を免れて、無実の可能性をしっかり念頭においていれば、警察での取調べの影響を断つことができたかもしれない。残念ながら、袴田さんが自白に落ちた後の検察官取調べについては、録音テープが開示されておらず、九月九日付検察調書を録取した状況は不明である。ただ、Y検事は、その否認段階に六回にわたって取調べを行い、そのうちの最初の四回が開示された録音テープに入っていた。そこからY検事の取調べ姿勢を見ることができる。

Y検事は、警察が袴田さんを逮捕した二日後の八月二〇日、最初に取調べに入っている。そのときは初対面でもあり、事件のことを直接的に問い詰めることなく訊いていて、大きな問題は見えない。しかし、翌日八月二一日には、否認をつづけ、自分には「よく分かんない」と言う袴田さんに対して、次のように追及している。

Y検事　いろいろ警察で調べた結果、君以外に犯人はないということで、今度、君を逮捕したわけだ。慎重に証拠調べを五〇日の間やってきたわけだ。

袴田　だけど、僕には何にも分かんないです。

Y検事　やたらに人を逮捕したりすることは、できないわけだ。十分な証拠がなければね。

袴田　（沈黙）

Y検事　思い当たることはないかね？

袴田　（不明）。

Y検事　隠しても、分かることは分かるんだよ。今、言ったようにね。だから、この際、隠しだてすることなく、正直にね、何もかも言うのが一番正しいよ。隠したり、逃れようというような気持ちを持ってはいかんよ、君。よーく胸に手を当てて、君、考えてみたまえ。どうだね。何の罪もない四人の人が、無残に殺されてるわけだ。ね。この事実を、君、どう思うの。被害者の人たちは、まったく気の毒だ。ね。殺されて体を焼かれ、うちも焼かれて。そうだろ。**君以外に、誰がこういうことをした**。

袴田　それは、僕だって分かりません。（不明）。

Y検事　**君のパジャマには人の血が付くはずがないというのに、大量の血液が付いてる。君が刺したのでなければ、どういうときに付くんだ。うん？**

「僕にだってわかりません」と言う袴田さんに、Y検事は、「君以外に考えようがないじゃないか」と言って、袴田さんが本件の犯人であることを疑わず、それを前提に取調べを行っている。これでは警察官の取調べとまったく変わらない。それに、実際にパジャマに付いていた血は血液型を判定できないほどの微量のものでしかないのに、「君のパジャマには……大量の血液が付いている」などと、証拠状況を誤解しているのか、少なくとも明らかに誇張している。

Y検事の「証拠なき確信」

そして、勾留の手続きが取られて、その期限が間近に迫る八月二九日、逮捕から一二日目に四回目の取調べに入ったY検事は、袴田さんに次のように自白を求めている。

Y検事　**君以外に犯人がないことは、もう、確定的なんだよ。**分かってる[redacted]。ん？　いろいろな証拠を調べた結果ねえ。だから、もし、君、「黙っておれば、まあ、逃れられる」とかいうような気持ちでおるとしたらね、間違ってるよ、言っておくけども。ねえ。君がしゃべっても、黙っとっても、どっちみち証拠は、挙がるものは挙がってんだからねえ。だから、「黙っておれば分からんだろう」というような気持ちでおるとしたら、君、無駄だよ。言っとくけれども。

袴田　（沈黙）

Y検事　ちょっと考えられないじゃないか。[redacted]、ねえ。血が付くくらいだからね、覚えがありそうなもんだろ？　ねえ。血を出した人が触るとか何かがあって、覚えがあるようにねえ。ま、普通でないものなんだからね。その他に、油とか、ねえ、くり小刀だとか、いろいろ、君、証拠はあるんだけども。あのなあ、こっちはまあ、君の口からねえ、正直に言ってもらいたいと思って、別にそういう証拠は出さないでしゃべってんだよ。ねえ、君だって、また、そんな証拠いちいち見せられなきゃ言えないっていうのもね、そら、おかしな話でねえ。君が一番よく知ってることなんだ。そうだろ？　君が一番よく知ってるわけだ。ねえ。いつまでも、そんなに、警察の人なんかに、手数を[redacted]、しょうがないじゃないか。ねえ。君、今、心から反省してるかね？　心から本当に、君、反省してるならねえ、ある意味、自分のやったことは正直に全部、話すのが、これは、人間としての正しい道だよ、君。ん？　勾留されて、相当何日かになるけどねえ、どうも君は、まだ正直に言ってないようだがねえ。困るじゃないかね、そういうことでは。

袴田　（沈黙）

Ｙ検事　ん？　どうして君は、そういう、正直に言えないんだ？　君、君も人間としての良心を持ってるだろう？　良心がある、あるならねえ、そんなに、いつまでも、君、手数かけたって、しょうがないじゃない。ありのままの事実をねえ、正直に言うのが、やはり正しいことなんだ。そうだろ？　もうそろそろ、君、ほんとのことをねえ、言ってもらわなきゃ、困るじゃないか？

袴田　（沈黙）

Ｙ検事　君、黙ってれば分からんと思ってるのか？

袴田　知らないから。
Y検事　ん？
袴田　知らないから。
Y検事「知らないから」？　うん。知らないならば、君、あれだ、説明ができるだろう？ねえ。君に対する疑惑を。説明ができないようなら、どういうわけなんだ？
袴田　（沈黙）

否認をつづけ、「知らない」としか言えない袴田さんに、Y検事は繰り返しパジャマの血の説明を求めている。しかし、これはまさに被疑者本人に無実の証明を求めるようなものである。同時に、「君も人間としての良心を持ってるだろう？」と諭し、反省を促すかたちでの取調べを繰り返している。あるいは、上記のやりとりの直後には「刺されて、焼かれて、殺されて。被害者のことを考えてみたらね、君はその罪を償う気持ちにならなきゃならん」と言って謝罪を求めている。パジャマに袴田さんの血液型と異なる血が付いているというだけで、犯人だと決めつけることなどできるはずがないのだが、Y検事の追及にはおよそためらいがない。

こうして見てくればわかるように、Y検事の取調べ姿勢は警察官たちのそれとまったく同質で、まさに「証拠なき確信」のもと、有罪前提の追及が繰り返されている。

Y検事の取調べは警察官の取調べの影響力を遮断していない

このような否認期をへて、袴田さんは九月六日に警察官の取調べで自白に落ち、七日、八日と具体的に犯行内容を語っていく。Y検事が、第一審判決が認定したように「警察と検察庁とはちがうのだから警察の調べに対して述べたことにはこだわらなくていい」と注意したというのは、この自白内容の展開がはじまって三日目以降の九月八日、九日の時点である。この注意が警察での取調べの影響力を遮断するものとなりえたかどうか、はなはだ疑問である。

Y検事は、袴田さんの否認段階から「毎日、気が重いだろ？　君。ん？　改心して言えばね、すっきりするよ。(不明)仕方ねえ。起きてしまったことだし。もうはっきり分かってることなんだからな。早く、全部、真実を言ってねえ、楽になった方がいいんじゃないかと思うけどね。」などと言って、自白を迫っていた(八月二二日の取調べ)。その袴田さんが警察官の取調べでとうとう自白に落ちたのである。当然ながら、Y検事はその袴田さんの自白転落の知らせを聞いて、やっと落ちたと安堵したはずで、その自白転落後も、否認段階の取調べ姿勢をそのまま維持したかたちで取調べに臨んだと考えられる。

ただ、自白に落ちたはずの袴田氏が、その最初の三日間、文字通り日替わりでまったく異なる犯行筋書を自白していく。そもそも犯行の出発点となる動機が、六日には「専務の奥さんと関係があって、奥さんから放火・強盗に見せかけることを頼まれて」というところからはじまり(犯行筋書Ⅰ)、七日には「奥さんとの関係がばれそうになって、話をつけにいこうとして」となり(犯行筋書Ⅱ)、さらに八日には奥さんとの関係という話がなくなり、「自分の実母と子と暮らすアパートを借りるお金がほしくて、盗みに入ろうとして」というふうに変わって(犯行筋書Ⅲ)、その八日にY検事が自白転落後はじめて袴田さんの取調べに入り、翌九日にも取調べを行って、その結果が九月九日付検察調書に録取されているのである。

この九月八日、九日のY検事の取調べ過程がどのようなものであったかを、録音テープで確認することはできないが、録取された九月九日付検察調書の自白内容を見れば、それは直前の警察の取調べで語られた犯行筋書Ⅲをその通りになぞったものでしかない。

そうだとすれば、自白転落後にY検事が取調べをはじめるに当たって、「警察の調べに対して述べたことにはこだわらなくていい」と注意したとして、それは警察の取調べでつぎつぎと日替わりで変遷してきた犯行筋書のどれかにこだわらなくてよいという趣旨ではありえても、それまでの警察での取調べの影響力を絶って、自白を撤回して否認してもいいという趣旨のものであった可能性は、まずないと言っていい。そうして見れば、総計四五通もの自白調書のうち、Y検事による九月九日付検察調書のみを証拠として採用した第一審判決の論理は、きわめて便宜的なものであって、およそ合理的とは言いがたい。

袴田さんは一家四人殺しの大事件の被疑者として逮捕され、取調官たちの前に座った。ここで

「被疑者」というのは「疑われている者」である。つまり、疑われているだけであって、ひょっとすると「犯人」ではないかもしれない。その真相を明らかにするのが取調べの役割である。とすれば、有罪の可能性と無実の可能性をともに目配りしながら取り調べるのが、その基本であるはずである。ところが、取調官たちは無実の可能性への配慮を押し殺して、もっぱら有罪前提で取調べている。その点は、警察官の取調べも、Y検事の取調べもまったく変わらない。

取調べに求められる姿勢

このように有罪前提の取調べに長くさらされつづければ、どれほど意思堅固な人でも、やがては虚偽の自白に落ちる。そうだとすれば、そこで暴力が振るわれなくても、あるいはだまし討ちのようなことが行われていなくても、その自白は「任意性を欠く」と言わなければならない。

重大事件で犯人と思われる疑わしい人物が浮かび上がってくれば、積極的に問い詰めて自白を求めるのが当然ではないか。そして、これだけの残忍な事件を引き起こしてしまうような人間ならば、並大抵なことで真実を認めることはあるまい。断固として調べなければ落ちるものも落ちない。とすれば、徹底して事件を究明し、真実を認めさせようとするのは当たり前ではないか。取調官にかぎらず、事件に関心をもつ多くの人が、そう思っているのかもしれない。しかし、そう思ってしまえば、ここで見たような取調べの録音テープを聞いても、そもそも取調べとはそういうものだとして許容してしまうことになる。たしかに、被疑者を犯人と決め打ち、断固として取り調べることで、真犯人が真の自白に落ちるかもしれない。しかし、その同じ取調べの下で、無実の被疑者が虚偽の自白に落ちてしまうことも十分にありうる。そのことを怖れない取調べは、やはり危険であるし、許されるものではない。

狭山事件や清水事件の取調べ録音テープを追って見れば、真犯人だと特定するには脆弱すぎる証拠でもって、取調官が被疑者の自白をひたすら追及し、謝罪を求めている姿が浮かび上がる。無実の人なら、それくらいのことには耐えられるだろうと思う人がいるとすれば、それはよほど想像力を欠いた甘い見方だと言わなければならない。

昨今は科学的な捜査が強調される。しかし、「科学的」というのは、単に最新の科学機器を使って捜査することではない。科学の基本は一定の仮説を立ててその検証を行う姿勢にある。とすれば、被疑者が犯人であるという有罪仮説を立てると同時に、被疑者を無実とする無実仮説を対置して、両仮説の可能性を対等に検証するのでなければならない。そうした仮説検証の姿勢を欠いた捜査は、どれほど最先端の科学機器を用いたとしても科学的とは言えない。

無実の人の虚偽自白を生み出してしまう最大の原因は、取調官が「証拠なき確信」のもと、被疑者を犯人だと決め込んで、そこに無実の可能性を考えない、その意味で「非科学的」な取調べを執拗に重ねることにある。

第三章　自白内容の展開

　取調べにおける自白過程は、被疑者が自白に落ちて「私がやりました」というだけで終わらない。自白に落ちた以上、そこから取調官は「では、どのようにやったのか」と問い、被疑者はそれに応じて犯行内容を語らなければならない。それは真犯人にかぎらず、無実の人の場合も同じである。それが「自白内容の展開過程」である。次にこの過程について検討する。

　従来の虚偽自白論では、無実の被疑者には犯行内容など語りようがないのだから、取調官の側で犯行筋書を作り上げて、それをただ被疑者に「押しつけ」、意図的に「誘導する」だけであるかのように考えられてきた。しかし、ここに大きな誤解がある。実際のところ、取調官が、もしそのように自分の側で犯行筋書を考えて、それを被疑者に飲み込ませるのだとすれば、被疑者が無実であることをあらかじめ知っていて、そのうえで被疑者に罪を着せているようなものである。そんなに酷いことは、どんなに悪辣な取調官でもできるものでない。

無実の人が自白に落ちたとき、取調官は、被疑者を犯人だとする「確信」をさらに深める。自分たちの側で「有罪方向へと導く強力な磁場」を生み出して、そこに被疑者を巻き込んでいながら、自身もまたこの磁場に巻き込まれて、すっかり真犯人を落としたつもりで、そこから犯行内容の自白を求める。一方の被疑者は、無実であるかぎり、犯行内容の自白を求められて、語ろうとしても、実際はわからない。しかし、もはや「わかりません」とは言えない。そこでみずから犯人になったつもりで、あれこれと想像する。言ってみれば、無実の人が「犯人を演じる」のである。一般にはよく理解されていないが、これが現実である。

ただ、無実の人は、問われている事件を体験として知らない以上、犯人になったつもりで語ろうとしても、本来の意味で犯行内容を語ることはできない。無実の人の自白内容の展開過程でまず注目すべきは、この「語れなさ」である。そこでまずこの点を、自白内容の展開過程の第一の様相として見ておかなければならない。

しかし、無実の人の自白であっても、もちろん、語れないままでは終わらない。取調官たちは、そこからさらに事件の結果として残った「事実」を念頭に追及を重ね、無実の被疑者はその追及に合わせて想像して語る。そうしていわば取調官たちとの協働で、問われた「事実」におおよそ合致する自白内容ができあがっていくのだが、想像して語った犯行筋書にはやはり不自然さがつきまとう。それは事件の結果として残された「事実」からさかのぼって組み立てるしかないからである。この「逆行的構成」の問題を、自白内容の展開過程の第二の様相としてその後につづけて論じることにする。

1　無実の人の「語れなさ」

犯行内容を「必死になって考えました」

足利事件の場合、事件は菅家さんにとって、自分の生活圏のごく近くで起きたものだった。この事件について、菅家さんはもちろんまったくの第三者でしかなかったが、「おまえ以外に犯人はいない」と迫られて、耐えきれず一日で自白に落ちた。任意同行下の取調べで自白に落ちて、留置場に収監されたときのことを、菅家さんは、再審無罪で娑婆に帰ってきた後に、次のように回想している(前掲書、一二三頁)。

　むしろ覚えているのは、留置場で横になってはみても、初日はぜんぜん眠れなかったことです。不思議なことに、逮捕された自分の立場を案じることはありませんでした。あの刑事たちにまた調べられるのがおっかなくて、次の日にどんな説明をしようかと、必死になって考えていました。「やった」と言ってしまったからには、辻褄の合う説明をしないといけない。そんな心境になっていました。

地元で起きた大きな事件だったので、女の子がパチンコ屋でいなくなり、渡良瀬川の河原で遺体となって見つかったことくらいは知っていました。自分で考えたのは、日ごろの行動と合致するように、犯行に自転車を使ったことにしたくらいで、それを新聞で得た情報に結びつけながらストーリーを作っていきました。

菅家さんは「「やった」と言ってしまったからには、辻褄の合う説明をしないといけない。そんな心境になっていました」という。菅家さんの言うこの心境は、いかにも不思議にみえるかもしれない。しかし、自白に落ちてしまえば、無実の人であっても、そこからはもうそうするしかない。それはごくあたりまえの成り行きなのである。別の著書で菅家さんは「こう言うと、あれなんですけど、自分で話をつくってしまったんです。適当というか、全部初めから」とも述べている(『冤罪足利事件』下野新聞社、二〇一〇年、八九頁)。

「おりゃ犯人になったろ」

無実の人が自白に落ちたとき、そこからは取調官たちの前でみずから「犯人を演じる」以外にない。私が、最初にこの奇妙な現実に気づかされたのは、仁保事件の取調べ録音テープである。それはわが国の刑事裁判においてはじめて取調べ録音テープが証拠として提出された事例で、そこには無実の人の自白内容展開過程としてきわめて興味深い場面が収録されている。

仁保事件は一九五四年に山口県の仁保で起きた一家六人殺しの大事件である。事件から一年あまり後、疑われて取調べを受けた岡部保さんは、仁保の出身ではあったが、事件当時は大阪に暮らしていて、この大事件のことをまったく知らなかった。それにもかかわらず、拷問を交えた厳しい取調べで、結局は「私がやりました」と自白に落ちてしまう。その自白転落後の取調べが録音テープに収録されていた。岡部さんはそこであれこれ考えている。しかし、事件そのものを知らないために具体的なことが語れない。自白転落から四日目、岡部さんは苦しくなって否認に戻り、その苦しさを取調官に次のように訴えている。

岡部　これは叱られるのを覚悟の前でいま言いよるんじゃが、そりゃ、こないだから、その気になっても相当みましたです。その気になって、ぐっと考えてみて、一等役者みたいなこともやってみたら、……事実をいうたら、私にはその家(被害者宅の現場)そのものがわからん、……まあ自分でいろいろ、この考えてみたんだが。よし、おりゃ犯人になったろ、犯人になったろ。犯人だ。犯人になったんや、おれがやったんや思うて、ものすごい自分で犯人になりすまして……

無実の人が自白に落ちたとき、そこからは犯人になったつもりで「犯人を演じる」ほかない、その心情がここに端的に語られている。ここに見る「語れなさ」は、真犯人の「言いしぶり」などではない。文字通り「語れない」のである。これこそが無実の人の自白内容展開過程の最大の問題である。岡部さんは、その後、取調官の追及を受けるなかで、徐々に犯行状況が見えてきて、やがて具体的な内容を含む自白調書が作成されていくのだが、しかし、その最初の自白調書が録取されるまでに、自白転落時点から数えて一一日もの時日を要している。「犯人になったつもりで」語ろうとする、しかし「語れない」。これこそが無実の人の自白内容展開過程の最大の特徴である(仁保事件の岡部さんの自白については、前著『自白の心理学』を参照されたい)。

「想像」で語ろうにも「語れない」事件

菅家さんが疑われた足利事件の場合、その本体となった真実ちゃん事件は、岡部さんの仁保事件と違って、菅家さんの生活圏の身近なところで起こっていて、土地勘もあり、菅家さんは事件報道などを通して事件の概要をおおよそ聞き知っていた。それゆえ、自白に転落した後は、取調官の追及に合わせ、犯行の流れを具体的に想像することができたし、捜査側の入手情報を組み込んだかたちで犯行内容をある程度は語ることができた。じっさい、菅家さんは自白に落ちたその日のうちにかなり詳細な自白調書を取られている。

その点、興味深いのは、菅家さんの別件での取調べ過程である。別件の二件は、同じ足利市内の事件とは言え、ずいぶん以前のことで、かつ菅家さんにとっては、土地勘のない地域の事件で、事件報道についてもはっきりした記憶がなかった。その二件について、菅家さんは本件起訴の前後に取調べを受け、これも自分の犯行だと認めてしまったのである。

この別件の自白について、取調べ録音テープがごく一部存在することが、再審公判で判明し（表3中の一九九一年一二月二〇日の警察取調べ）、その開示を受けて、菅家さんの自白過程の一部が明らかになった。ここでは万弥ちゃん事件の自白場面をその録音テープから見てみる。

表3　足利事件　取調べの経過

	事件から捜査，裁判の経緯
1979. 8. 3	万弥ちゃん事件(11 年前)
1984. 11. 17	有美ちゃん事件(6 年前)
1990. 5. 12	真実ちゃん事件(本件)
1991. 12. 1	菅家さん取調べ　自白に転落
12. 2未明～	逮捕
	犯行筋書を具体的に展開
12. 13	現場引き当たりで衣服投棄場所を指示
12. 20	別件自白(録音テープあり)
12. 21	本件で起訴
1992. 2. 13	初公判で起訴内容認める
	7 月から 4 カ月間にわたり精神鑑定
12. 7	M 検事取調べ→否認(録音テープあり)
12. 8	M 検事取調べ→自白(録音テープあり)
12. 22	法廷で家族への手紙を示され否認
1993. 1. 28	再度，法廷で自白
3. 25	結審
6. 24	弁論を再開し，法廷で再び否認
7. 7	第一審判決　無期懲役

万弥ちゃんは、真実ちゃん事件から一一年前の一九七九年八月三日、自宅のそばの神社の境内で遊んでいたところを誘拐され、六日後に遺体が渡良瀬川河川敷で発見された。この事件について真犯人が自白し、みずからの犯行体験を語ったとすれば、いくら昔のこととはいえ、その中心的な部分はおおよそ語れるはずである。ところが、菅家さんは具体的なところがまったく語れていない。以下はその自白転落直後のやりとりである。

P刑事　万弥ちゃん事件に対しては、ほんとに、どういったことなんだ。
菅家　ほんとに……（涙声で）申し訳ない。
P刑事　申し訳ないということは。
菅家　はい。
P刑事　私が万弥ちゃんの犯人なんだと。いうことで、わびたいということなんか。
菅家　（泣いている）
Q刑事　菅家、泣いてないでさ。
菅家　はいそうです。
P刑事　万弥ちゃんを最初に、連れ出したとこは、どこなんだ。
菅家　はじめは、あのー、神社ですか。
P刑事　季節はいつごろなんだい。だいたい。
菅家　（沈黙五秒）
Q刑事　いつごろだっつんだよ。春とか夏とか秋とか冬っつうと。
菅家　（沈黙七秒）
Q刑事　寒いころだとか暑いころだとか、あるいは何も出てこねんか、涼しいとか。
菅家　（息を吐く音。沈黙五秒）冬の終わりか、あの春……春ごろと思うんですけど。

Q刑事　冬の終わりか、あの春ごろ。で、時間は何時ごろだい。

この段階の菅家さんは、もうすっかり諦めきっていたのであろう。別件の万弥ちゃん事件を簡単に認めて、取調官の追及に応じている。しかし、菅家さんが無実であることをすでに知っている私たちの目で見れば、ここでの菅家さんの応答は当てずっぽうの「想像」でしかない。無実の被疑者が自白してしまえば、そこからはこのように想像で語る以外にないのである。

菅家さんは、万弥ちゃんを誘拐した場所を問われて「神社ですか」と答えているが、それくらいの事件情報は、最初から取調官の追及のなかに含まれていて、それが耳に残っていたのだろう。しかし、事件を起こした季節がいつかはわからない。菅家さんはこれに答えられず、繰り返し聞かれて、ようやく「冬の終わりか、あの春……春ごろと思うんですけど」と言う。この事件は真夏の八月に起きたものであるから、まるで違う。実際にこの事件を体験した犯人なら、これを間違うことは考えにくい。これを聞いた取調官は「えっ」と思ったはずだが、一一年も前の話なので忘れていると考えたのか、「で、時間は何時ごろだい」と言って話題を変え、それ以上追及していない。

被疑者の「語れなさ」と取調官の「誘導」の実態

万弥ちゃん事件にかかわって、無実の菅家さんの自白過程でさらに興味深いのは、死体遺棄の状況についての自白である。渡良瀬川の河川敷で見つかった万弥ちゃんの死体は、紐で縛られ黒いビニール袋に包まれ、袋ごとリュックに詰められていた。それはきわめて特異な状況で、真犯人ならばこれに答えられないはずがない。しかし、無実の菅家さんはうまく答えられない。菅家さんを犯人と思い込んでいる取調官は、現場で確認された死体状況を念頭に追及を重ね、菅家さんはそれに沿って死体を小さく縛って大きなビニール袋に入れたというところまで認めた。ところが、そのビニール袋をリュックに詰めるという話が出てこない。以下は、その場面のやりとりである。

Q刑事　で、その大きいビニール袋は何かまた入れたのか。
菅家　自分はあのー、ビニールに入れまして。そうすっと普通はよく透き通って。
Q刑事　うん、だから透き通って、中身が見えないビニール袋に入れたんだろ。
菅家　はい。
Q刑事　その後、万弥ちゃんが入ったビニール袋を何かにまた入れたんか。かばんか何かに。
菅家　……
Q刑事　風呂敷に包むとか。何かしたんか。
菅家　自分は…

Q刑事　うん。
菅家　あのー、そのビニールですか、ビニール入れまして、そのビニールはあのー透き通るとか…
Q刑事　うん、だから、中身が見えないビニール袋に入れたんだよ。
菅家　はい。
Q刑事　その入れたビニール袋を、そのままじゃなくて、何か…
P刑事　箱の中に入れたとか…
Q刑事　ビニールをこの、包んだね。
菅家　はい。
Q刑事　包んだっつか、こういう袋に入れたでしょ。
菅家　はい。
Q刑事　ビニールん中へ、あの、万弥ちゃんを。
菅家　はい。
Q刑事　そのやつをさらに何かに入れたんじゃないかって聞いてんだよ。何も入れねえのかって、そのビニールしか。
菅家　自分はなんか、ビニールでして…

Q刑事　ビニールだけで自転車のけつ、乗っかってて、破れないか。
菅家　あの、ビニールでも、厚めっていいますか…。そいで、よく縛りまして。
（ノックする音）
Q刑事　うん。うん。そうか。よく縛った。うんじゃ、ちょっと待ってろ。

ここで録音テープは中断して、再開するのは約三〇分後である。そして、その中断後を聞くと、「万弥ちゃんを入れたビニール袋をリュックに詰めて、それを自転車に乗せて、河原に捨てに行く」という話になっている。録音中断中に、おそらく写真を見せるなど、何らかのヒントを与えて、「リュック」という答えを導き出したらしく、そこから取調官は「リュックちゅうのはどこにあったんだよ」と問うている。結果としてみれば、取調官が誘導したと言わざるをえないのだが、問題はその誘導の仕方である。

意図せざる誘導

ここに引用したやりとりからわかるように、取調官たちはビニール袋に入れた死体が「リュックに詰められていた」ことを意識しながら、それを自分たちの側からは言わず、菅家さんの口から出てくることを期待している。じっさい、「何かにまた入れたんか」と問い、「かばんか何か」とか「風呂敷に包む」とか「箱の中に入れた」とか、具体的に提示して、それでも菅家さんからは具体的な答えが返ってこない。最後に、取調官はビニール袋だけで自転車の後ろの荷台に「乗っかってて、破れないか」とも聞いている。しかし、菅家さんは遺体の状況を想像できず、ビニール袋は「厚め」で、それを「よく縛りまして」などと言う。この経緯を見れば、菅家さんがこの事件を体験として知らないことは明らかである。

一方で、取調官たちは、ここで菅家さんに実際の死体の遺棄状況を教え込もうとしてはいない。菅家さんが犯人である以上、実際を知っているはずだと考えて、本人の口からそれを語らせようとしているのである。しかし、犯人でない菅家さんには語れないし、あれこれとヒントをもらって、それでも想像できない。最終的には何らかのかたちで正解を誘導したのだが、少なくとも個々の過程で、無実の被疑者に答えを直接教え込むような「意図的な誘導」は行っていない。

真実ちゃんを被害者とする足利事件の本体については、そのときすでに菅家さんから自白を得て、起訴にいたっている。そして、別件のこの万弥ちゃん事件でも、菅家さんが簡単に自白した以上、取調官は菅家さんがやはり犯人だろうと思っている。そこで、その真犯人の記憶を呼び覚ますべく、あれこれとヒントは与えるが、直接的に答えを教えるようなことはしない。冤罪事件の取調室で起こる「誘導」はまさにそのようなものなのである。

警察は、このように万弥ちゃん事件について、本件真実ちゃん事件の起訴の前日に、菅家さんから曖昧な自白を聴取し、その四日後の一九九一年一二月二四日には、菅家さんをこの件で再逮捕している。ところが、じつは、この事件では行方不明になる直前の万弥ちゃんを目撃した人がいて、その人の言う目撃時間帯だと、菅家さんのアリバイが成り立ってしまう状況だった。そこで警察はこの目撃者に供述の訂正を求め、目撃者もその求めに応じて供述を変更していたという。警察は万弥ちゃん事件についても、菅家さんを立件する方向で、事件そのものを「作り直そう」としていたのである(この点については、足利事件で控訴審から弁護人を務めた佐藤博史弁護士と菅家さんとの共著『訊問の罠』角川書店、二〇〇九年による)。もう一歩間違えば、菅家さんは万弥ちゃん事件についても起訴され、合わせて二件、あるいはもう一件の有美ちゃん事件を含めて三件の幼女誘拐・わいせつ・殺人事件の犯人として、死刑になってもおかしくない状況にあったことになる。

万弥ちゃん事件について、上記のようなやりとりの最終結果を具体的な自白内容にして調書にまとめたとすれば、そこには死体遺棄の状況について「黒いビニール袋に入れ、それをリュックに詰めて河原に捨てた」と、まるで客観的証拠と合致するかのような自白が残されたはずである。そのうえで起訴されて、取調官が法廷に立ち、「この自白は菅家さんが自分から語ったことで、誘導はしていない」(じっさい「直接的な誘導」はしていない)と証言すれば、それはまさに自白の信用性を示すものと判断された可能性が高い。取調官が自白を文章化して調書にまとめてしまえば、被疑者の「語れなさ」は見えなくなってしまう。自白調書の恐ろしさはそこにある。

2　犯行内容が語れない

自白内容を展開する過程の録音テープ

狭山事件についても、石川さんが自白転落後に自白内容を展開する過程を分析すれば、そこに石川さんの「語れなさ」が露骨に表れてくる。石川さんの取調べ録音テープは、自白転落後の一九六三年の六月二〇日〜二五日までの六日間、合計で一五時間分が開示されたにとどまるが、そうした制約はあれ、そこに収められた取調官と石川さんの問答からは、石川さんがこの事件を体験として「知らない」ことを示す痕跡がはっきり読み取れる。

その一つは、被害者であるY子さんの鞄が捨てられていた場所について、石川さんが語った自白である。捜査側の主張によれば、石川さんは三人犯行自白に落ちた段階で、この鞄を捨てた場所を自白し、その通りに鞄が出てきたという。つまり、これは「秘密の暴露」にあたるものであって、石川さんが犯人である決定的証拠だというのだが、事はそう単純ではない。

自白調書上で見る「鞄が発見されるにいたった経緯」

問題の鞄が発見されるにいたった経緯を、まずは石川さんの自白調書から見てみる。

六月二〇日、石川さんがなかなか自白に落ちないなか、地元で知り合いだった関巡査部長が取調べに抜擢され、その説得で石川さんが自白に落ちた。その経緯については第二章で見た。自白転落初日の六月二〇日付警察調書(関巡査部長の取調べ)を要約すれば、「友人二人と一緒にY子さんと落ち合って、山の中のお寺の裏に連れて行き、友人の二人がY子さんを輪姦しようとしてY子さんを殺害してしまった。そこで金を奪って三人で逃げようという話になって、自分が友人に字を教えてもらって脅迫状を書き、それを持って自転車でY子さん宅に届けることになった。そして、その途中でY子さんの鞄を山のなかに捨てたのだ」という。この三人犯行自白は、その後、三日間だけ維持され、六月二三日には単独犯行自白になっていくが、脅迫状をY子さん宅に届ける途中で鞄を捨てたという場面については、その前後で自白内容に変化がない。

問題は、その鞄を捨てた場所である。関巡査部長が取った右の自白調書には、関巡査部長に対して「今度、関さんが来たとき地図を書いて教える」とあり、その場所の指示は翌日に持ち越されている。そして、じっさい、翌六月二一日に関巡査部長がやってきて取調べを行い、その結果が六月二一日付警察調書一通目に記録されている。

その調書の記載によれば、「鞄の中には帳面と本があったのは知ってるけど、その他何かあったと思うけどわかんなかった。其れを自転車からおろして鞄ごと山の中へおっぽうちゃったんだ」とある。鞄のなかに「帳面と本」つまり教科書・ノート類を入れたまま「鞄ごと」捨てたというのである。そして、この調書に添付した石川さんの手書きの地図にも、捨てた場所に「かばん」と記しているだけで、「帳面と本」には触れていない。

じつは、たしかに、この時点で被害者の鞄はまだ発見されていなかったが、鞄のなかの教科書・ノート類は五月段階にすでに発見されていた。とすれば、関巡査部長の録取したこの自白調書はこの点で間違っている。

Y子さんの事件当時の持ち物については、事件後の捜査で、五月三日にY子さんの自転車に付いていたゴム紐が見つかり(一四二頁の図6の⑧)、石川さん逮捕後の五月二五日に、ゴム紐から二〇〇メートルほどの山の畑の溝から教科書・ノート類が見つかっていた(図6の⑥)。ただ、鞄の本体は、石川さんの自白に落ちた六月二〇日時点で、まだ見つかっていなかった。そのために、石川さんが自白に落ちた後、その鞄の捨て場所を自白させ、その通りに鞄が発見されれば「秘密の暴露」になるという状況だったのである。ところが、関巡査部長の取った六月二一日付警察調書一通目では、なかにあった教科書・ノート類を入れたまま「鞄ごと」捨てたとなっていて、捜査側が当時把握していた証拠状況とあきらかに食い違っていた。

その日の二通目の警察調書、つまり六月二一日付警察調書二通目は、関巡査部長ではなく、否認段階からずっと取調べを担当してきた警部クラスのC刑事が取り調べている。それによれば、関巡査部長が一通目の自白調書に添付された地図を手に現場を捜索したが、問題の鞄は見つからなかった。そこで、あらたに追及した結果、「今日の午前中鞄を捨てた場所について話しましたが、その時はその鞄を本などを入れたまま放り投げて来たように話しましたが、おまわりさんが探したところ見つからないといわれましたので、なおよく考えてみたら、私の思い違いであったと思います」という。つまり関巡査部長の録取した一通目の調書で「鞄ごと捨てた」というのは「思い違い」で、実際は「本は鞄から出して、鞄だけ」を放り出し、「本もそのそばに放り出して土をかけておいた」というのである。そのうえでこの二通目の調書に、あらたに書きなおした地図が添付されている。

捜査側はこの二通目に添付された地図によってあらためて現場を捜索した結果、問題の鞄が発見されたとして(一四二頁の図6の⑦)、これが「秘密の暴露」になると裁判で主張し、これを確定判決も認めたのである。

録音テープ上に現れた「無知の暴露」

ところが、開示された取調べ録音テープからは、調書記載とはあきらかに異なる様相が浮かび上がってくる。以下の録音テープは、六月二一日付警察調書一通目の自白を録取して、関巡査部長がそこに添付された地図をもって鞄の捜索に出かけ、しかし見つからないまま帰ってきた、その直後の場面である。C刑事らが鞄を捨てた場所についてあらためて追及し、その場に、帰ってきた関巡査部長も加わっている。

C刑事　そいで、あのー、なんだな、あれは、鞄に、入れ、入れたままか、それとも中身を出してか？

石川　ううーん、鞄に入れたまんま■■

関　そういう問題はな、今そういって俺に言ったからよ、俺、よく聞いてみたら、そしたら、あれ、本や何かあったんだ■■

石川　あったの？

関　うん。

石川　もう？

関　うん。

石川　それじゃあ、知らねえよ。

C刑事　いやいや、知らねえけどさ。それで、鞄があんだからさ。鞄■■

石川　鞄はねえの？

C刑事　鞄、抜いた■■

石川　鞄はねえの？

関　うん。

C刑事　鞄、出して埋めたのか、鞄だけは別に埋めたのか？
石川　鞄は、すぐそばにありますよ、そいじゃあ。

関巡査部長の録取した一通目の調書で、石川さんは、なかの「本と帳面」を入れたまま「鞄ごと」捨てたとして、その場所の地図を書いて示していた。その点にかかわって、まず右の引用の冒頭で、C刑事が「あれは、鞄に、入れ、入れたままか、それとも中身を出してか？」と訊いているが、石川さんはこれに「鞄に入れたまんま」と答えている。つまり、一通目の調書記載の通りに石川さんは答えている。しかし、それを横で聞いていた関巡査部長が口をはさんで、「俺、よく聞いてみたら、そしたら、あれ、本や何かあったんだ…」と石川さんに告げている。これはどういうことであろうか。

「本や何か」というのは、鞄のなかの教科書・ノート類のことを指す。つまり、ここで関巡査部長が「よく聞いてみたら……本や何かあったんだ」と石川さんに告げたということは、一通目の取調べのとき、関巡査部長自身が教科書・ノート類が先に発見されてあったことを十分に認識していなかったということにほかならない。だからこそ、一通目調書を録取したとき、石川さんの「鞄ごと」捨てたという供述をチェックできず、そのままこれを調書に記載した。関巡査部長は、おそらく鞄の捜索に出かけたときに、この間違いにあらためて気づいたのである。先に述べたように、関巡査部長は本件の直接の捜査担当ではなく、石川さんと親しいというだけの理由で、急遽、この時点で取調べに加わることを求められ、上司たちの期待通りに石川さんを自白に落とした。しかし、それゆえに本件の捜査状況を十分に把握していたとは言えない立場にいた。

一方の石川さんは、関巡査部長から「よく聞いてみたら……本や何かあったんだ」と告げられて、そのことがすぐには飲み込めず、教科書・ノート類が別に「あったの？」と反問して、関巡査部長が「うん」と答え、それで「もう？」と反問して、教科書・ノート類はすでに発見されていたのかと確認し、関巡査部長が再度「うん」と答えている。石川さんはそこのところで「それいいじゃあ、知らねえよ」と言ってしまう。

さらに、そのすぐ後にC刑事から「それで、鞄があんだからさ。鞄…」と言われて、石川さんは「鞄はねえの？」という反問を関巡査部長に二回繰り返して、鞄はまだ見つかっていないと教えられ、そのうえでC刑事から「鞄、出して埋めたのか、鞄だけは別に埋めたのか？」と訊かれて、石川さんは「鞄は、すぐそばにありますよ、そいじゃあ」と答えている。

このように最初は関巡査部長の取調べで「鞄ごと」捨てたと言って、これがその通りに一通目の調書に取られていた。その石川さんが、その関巡査部長からあらためて鞄のなかの「本や何か」はもうすでに発見されていると聞かされると、「それじゃあ、知らねえよ」と言ってしまい、そのすぐ後にC刑事から「鞄だけは別に埋めたのか？」に誘導的に問われて、ここでも「鞄は、すぐそばにありますよ、そいじゃあ」と答えた。ここで石川さんが言う「それじゃあ」「そいじゃあ」という表現は、「それならば」という推論であって、石川さんがここで体験者としてその体験記憶にもとづいて語っているのでないことを、端的に表している。石川さんは鞄と教科書・ノート類の投棄状況を知らないのである。

それに、実際にその後に発見されたという鞄の投棄場所は、教科書・ノート類が発見された場所から距離にして約一三五メートルも離れていて、とても「すぐそば」とは言えない。しかも、その場所はそれぞれ自白上で通ったとされる道をはさんで反対の側に位置している。それにもかかわらず、六月二一日付警察調書二通目では「おまわりさんが探したところ見つからないといわれましたので、なおよく考えてみたら、私の思い違いであったと思います」と言うだけで、それ以上の説明は何もなされていない。しかし、そもそもこれだけ違うものを「思い違い」することはありえないし、その訂正の過程を上記の録音テープで見れば、最初の単なる「思い違い」を後に体験の記憶に照らして訂正したようなものでないことはあきらかである。石川さんは、犯人ならば知らないはずのない事実を知らず、ただただ取調官の追及に合わせて、「それじゃあ」「そいじゃあ」と想像で訂正しているのである。

しかも、その後の自白調書を見れば、四日後の調書ではそれぞれそれを捨てた位置をはっきりと区別し(六月二五日付検察調書)、その距離もさらに四日後に「三〇メートル」(六月二九日付警察調書)、そこから五日後に「五〇メートル」(七月四日付検察調書)と広がっていく。そこには歴然たる誘導があったと言わざるをえない。しかも、そうして誘導のままに供述を変えていく石川さんを前にして、取調官たちは誰も、ひょっとして石川さんがこの事件のことを知らないのではないかと疑っていない。石川さんを犯人とする「証拠なき確信」が、一貫してつづいていて、それゆえに取調官たちは、本来ならば簡単に見抜けるはずの被疑者の「無知の暴露」を見過ごしてしまっているのである。

ここで供述分析の基本ともいうべき「供述の起源」という発想、その発想からおのずと出てくる「無知の暴露」「秘密の暴露」について、あらためて説明しておきたい。

「供述の起源」という発想

無実の被疑者が自白に落ちてしまえば、取調官はさらにその被疑者を「犯人だ」と思い込んで、自分たちが把握している証拠や周辺状況をもとに追及する。一方で、無実の人は自白に落ちた後、みずからが「犯人になった」つもりで辻褄が合うように想像で事件を説明するほかない。そこに出来上がってくる自白は、言わば両者の「合作」である。ただ、その合作を主導するのはあくまで取調官である。なにしろ被疑者が無実であるかぎり、犯行の実際は知らない。そのために被疑者は想像で証拠と合致しないことを言ったり、見るからに不自然な犯行筋書を語ったりする。一方、取調官は、被疑者の無実の可能性を考えないままに、その応答をチェックし、疑問があれば指摘し、修正を求める。

無実の被疑者の自白はこのようなかたちで聴取され、しかも、最終的にはそれを取調官が文章化する。したがって、録取された自白内容は、結果として事件の客観的証拠等とおおよそ合致するし、犯行の筋書も自然に見えるように整えられる。そうなると、調書に録取された自白が、それなりに具体的かつ詳細で、一見迫真性があるように見えるのは当然である。虚偽自白はそのようにしてできあがる。それを知らずに、自白の最終結果を読んで、直感的印象だけでその信用性を検討したのでは、結局、その判断を誤る。

心理学的な供述分析は、その点で、最終的な供述結果について、その信用性を判断するのではなく、最終結果にいたる過程に焦点をあてて、個々の供述内容のよって来たる起源、つまり「供述の起源」を洗い出すという視点に立つ。だからこそ、取調べ録音テープはその「合作」の製作過程を示すものとして、きわめて重要な資料となる。

たとえば、菅家さんが万弥ちゃん事件の自白のなかで、最終的には、女児の遺体をビニール袋に入れた後、それを「リュックに詰めて捨てた」と供述し、それが客観的事実と合致したとしても、その自白のできあがる過程を見れば、それが菅家さん自身の「体験の記憶」によるものではないことはあきらかである。菅家さんはおそらく取調官の追及から情報をえて、その「伝聞」情報にもとづいて、みずから「想像」してそう言っただけである。あるいは石川さんが鞄の捨てられた状況を知らないまま、同じくその状況をよく知らない取調官の追及に合わせて「鞄ごと」捨てたと言い、そののち別の取調官の追及に合わせて、それは「思い違い」で、「鞄」となかの「帳面や本」は別々に捨てたと訂正したのも、石川さん自身の「体験の記憶」によるものではなく、追及にあわせて「想像」し「推測」した結果でしかない。

被疑者によって語られた自白内容が、体験者の「体験記憶」によるのか、それとも非体験者の「伝聞」や「想像」「推測」によるのかを、自白過程の分析から判別する。これが心理学的な供述分析の基本である。

「供述の起源」をたどるというこの発想は、もともと供述分析を体系化したスウェーデンの心理学者Ａ・トランケルによるもので（植村秀三訳『証言のなかの真実』金剛出版、一九七六年）、わが国の裁判実務における信用性判断とはその判断枠組を異にする。わが国では、これまで自白と言えば、「私は……」というように一人語りのかたちで取調官が作成した供述調書を与えられるだけで、取調べの場で取調官がどのような聞き方をしたのか、そこで取調官の側から事件についてどの程度の情報が提供されたのかはわからない。したがって、供述の起源を判別することが容易でない。そうしたなかにあって、私自身、供述分析の作業にはいろいろ苦労してきた。その点、最近の事件では、取調べ過程が録音・録画されるようになって、これをデータとして分析すれば、「供述の起源」を洗い出すことが、これまでよりはるかに容易になった。

「無知の暴露」と「秘密の暴露」

もちろん、真犯人が自白したときにも、その自白内容が客観的証拠と合致するとはかぎらない。真犯人が自白したうえで、ここだけは知られたくないと思って誤魔化すこともありうるし、記憶間違いで事実と異なる供述をしてしまうこともある。その場合は、その供述の起源は真犯人の「嘘」あるいは「記憶間違い」にある。しかし、一方、通常なら記憶間違いするはずがなく、また自白後の真犯人が嘘で誤魔化す必要もない点について、もし客観的状況と食い違う供述をしていたとすれば、それは事実を知らない無実の人がただの「想像」あるいは「推測」で語った可能性を考えなければならない。それは言ってみれば、犯行の実際を体験として知らないがゆえの「無知の暴露」である。

供述分析を行って供述の起源を洗い出し、「無知の暴露」が明らかになれば、端的に言って、その供述者が問題の出来事を自分のものとして体験していないことを示す。それは、これまで刑事捜査や裁判で重視されてきた「秘密の暴露」の、ちょうど裏返しである。

「秘密の暴露」は、それまでの捜査過程で明らかになっていなかった秘密が、その真の体験者の供述のなかではじめて暴露されることを言う。たとえば、殺人事件の現場の捜索で凶器が発見されていなかったとする。そんななかで被疑者が自白し、凶器はこれこれで、それをある場所に捨てたと供述し、その供述を受けて捜査側がその場所を捜索し、供述通りに当の凶器が出てきたとすれば、それは「秘密の暴露」である。この「秘密の暴露」は、これまで自白の信用性判断においても重要な基準とされてきたが、じつを言えば、その着眼点は自白内容が客観的証拠と合致するかどうかという信用性判断のレベルを超えて、「供述の起源」が供述者の体験の記憶にあるかどうかにかかっている。

このように「秘密の暴露」や「無知の暴露」は、まさに「供述の起源」の視点に立って、当の供述が体験者のそれであるか非体験者のそれであるかを判別するための重要な指標なのである。

3　大量の事実を語れない

現場に残された大量の「事実」

清水事件の袴田さんの場合は、足利事件の菅家さんや狭山事件の石川さんと違って、事件をその現場で体験していた。そのために、自白に落ちた後は、周囲の伝聞情報だけで事件を組み立てるのではなく、事件時の自分の体験をもそこに組み込んで、犯行を語ることになる。

袴田さんは、被害者Hさんが経営する味噌工場の住み込み工員で、事件の日の夜、線路をはさんでHさん宅の向かい側にあった工場の二階の工員寮で寝ていて、深夜に火災が起こったとき、

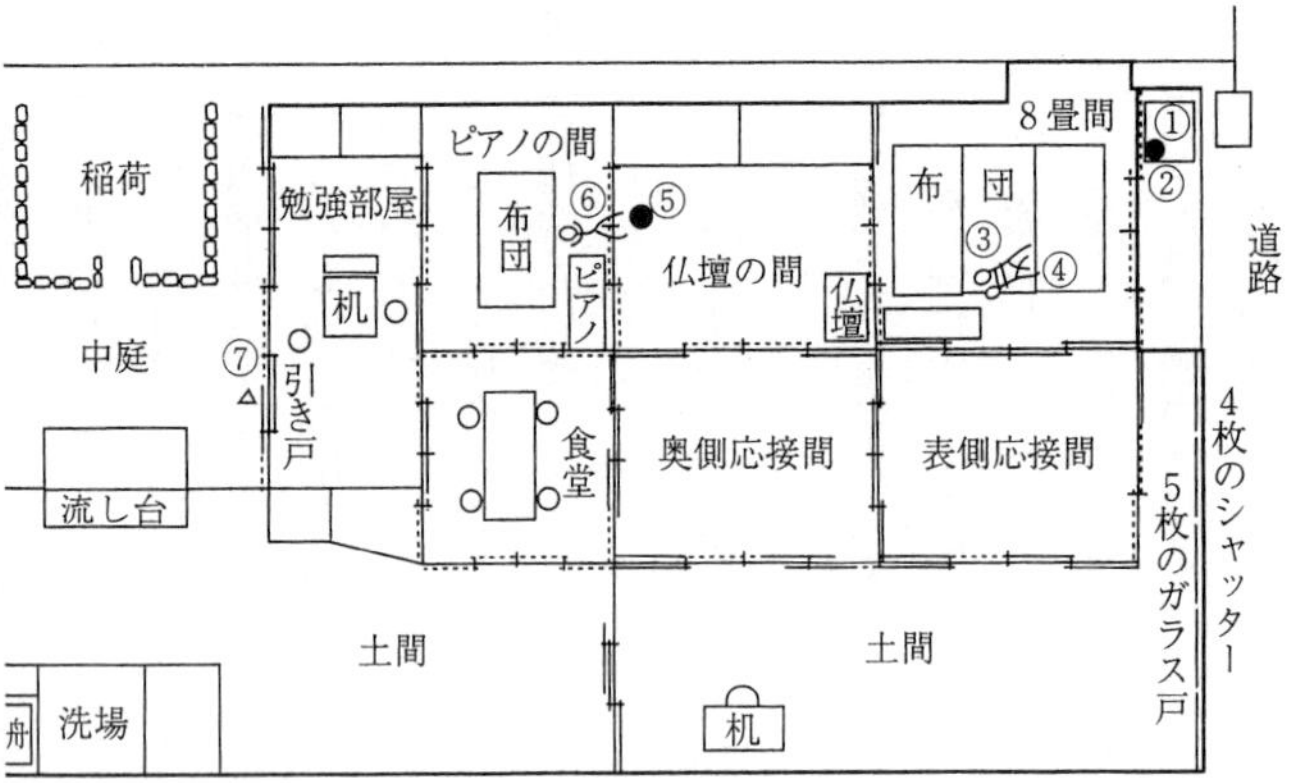

①夜具入　②現金在中の甚吉袋　③妻Tさん　④M君　⑤くり小刀　⑥Fさん　⑦雨合羽　⑧血痕　⑨専務Hさん　⑩油を含むボール紙・パンツ　⑪ポーチ(蟇口)　⑫金袋　⑬金袋

(『自白の心理学』より再録)

袴田さんはその消火活動に駆けつけていたし、火が落ちた後、工場の関係者と一緒に、全焼した家屋内に入り、そこで亡くなっていた被害者の遺体も見ていた。

犯行現場には、多数の刺し傷を受けた四人の死体がガソリンを撒かれ、火を放たれ、焼け焦げた状態で発見されていたことをはじめ、膨大な数の「事実」が痕跡として残されていた。その一部を現場の図面で示せば図3のようになる。この図に描かれた東海道線の線路をまたいだ向かい側に袴田さんの寝泊りしていた工場がある。被害者四人の死体はそれぞれ、裏木戸近くに専務Hさんの死体⑨、奥八畳間に奥さん③と長男M君の死体④、ピアノの間に次女F子さん⑥の死体があって、いずれもガソリンを撒かれ、火を放たれて、焼け焦げた状態で横たわっていた。

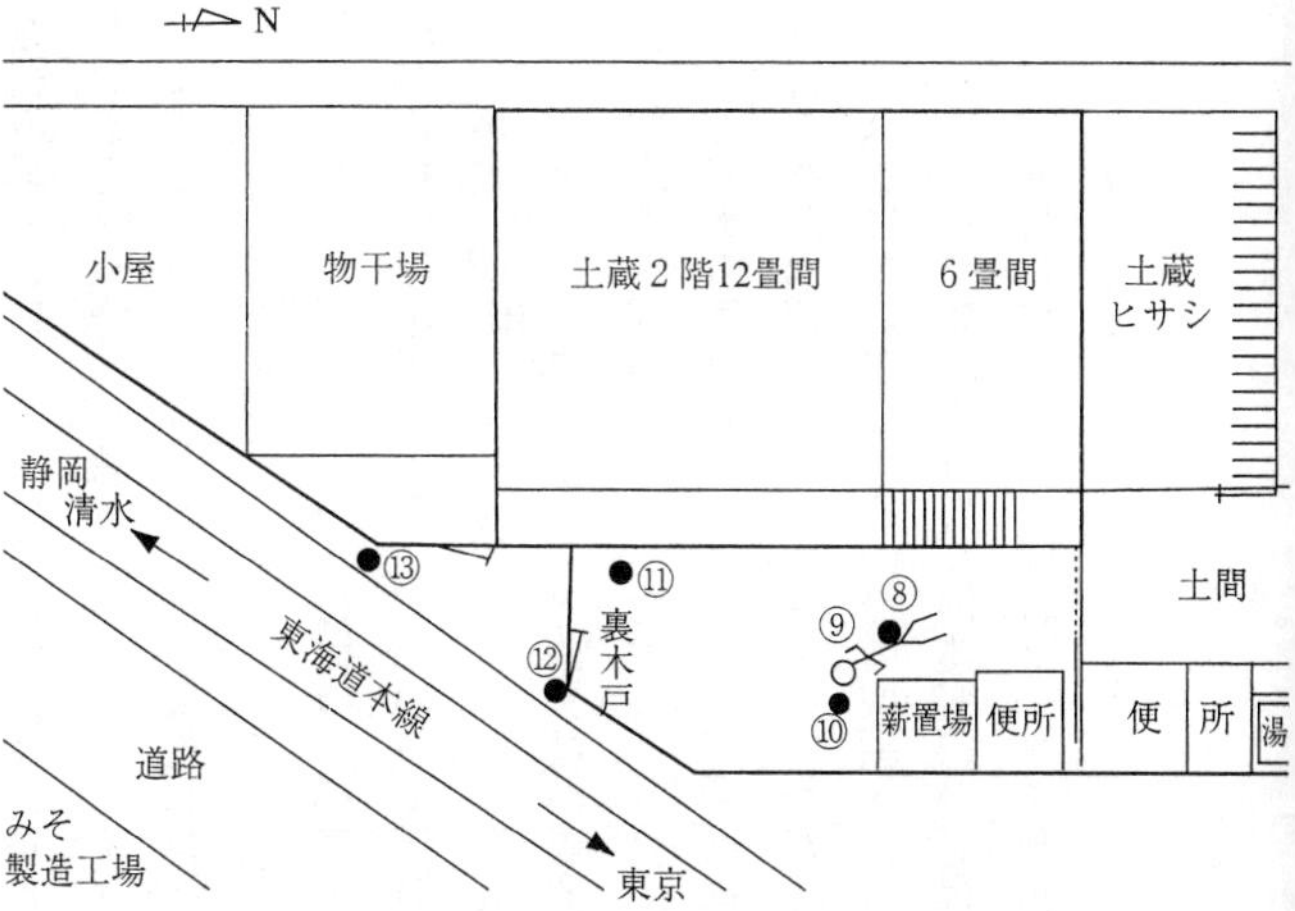

図3　現場見取り図・屋内の状況

また、F子さんの足元に凶器とおぼしきくり小刀⑤、奥八畳間の隅にある夜具入①に置いておいた甚吉袋(酒の一升ビンを二本入れられるような厚手の布袋)②からは金袋が三個なくなっていて、そのうちの二個は線路脇の⑫⑬の地点から発見されている。さらに裏木戸の前に小銭の入ったポーチ(蟇口)⑪が落ちていた。少なくともこれらのことが自白のなかで説明されなければならない。

第二章で見たように、袴田さんは一九六六年八月一八日に逮捕され、連日の取調べが一九日間つづいて後、九月六日に自白に落ちた。そして、その日に取られた自白調書が六通ある。それを見れば、そこには上記の「事実」の主要なものが組み込まれて、一応それらが語られたことになっている。ところが、これらの「事実」

を組み込んだはずの犯行筋書が一度で定まらず、この初日の六日、翌日の七日、翌々日の八日と日替わりで大きく変遷する。そもそもその犯行の出発点となる動機が、「専務の奥さんと関係」によるところからはじまって、最後には「自分の実母と子と暮らすアパートを借りるお金」がほしくてという金目当てのものになるという日替わりの変遷自体、ほとんど「ありえない不自然さ」である。問われている犯行のすべてを認める全面自白の後に、このように供述を変えなければならない理由が見えない。その点で、虚偽自白の危険性を強く示唆する。

しかし、袴田さんに死刑を言い渡した確定判決は、最後の検察調書一通のみを証拠として採用したために、自白内容のこの特異な供述変遷を検討の対象から一切除外して、そのうえでその自白の信用性を認めてしまった。

この清水事件の取調べについて、半世紀ぶりに開示された録音テープから、自白転落後の自白内容の展開過程を検討してみよう。ただ、そこに収録されているのは自白転落当日の九月六日の取調べがほとんどで、その後の取調べはごく一部しか収録されていない。そのため、七日、八日と日替わりで変わる特異な供述変遷の過程が何だったのかを全面的に解明することはできないのだが、九月六日の取調べ録音テープを分析しただけでも、その自白内容展開過程の奇妙な様子がはっきりと見えてくる。

Ｈさんの殺害場面の自白

清水事件の録音テープには、自白転落後について、自白に落ちたその当日(九月六日)の取調べが、その日の一日で合計一一時間近く収録されている。午前一〇時過ぎに自白に落ち、Ｍ刑事が録取した最初の二通の自白調書の取調べについては、録音テープに収録されていないが、それを除けば、午前一一時過ぎからその日の深夜に及ぶまで、取調べのほぼ全過程が収録されていて、その日に録取された残りの四通の自白調書(そのうちの三通はＩ刑事による)については、その作成過程を録音テープによってほぼ追うことができる。

録音テープを自白調書と対照させて驚くことは、調書に録取された「語り」の多くが、直接的には袴田さん自身の口から「語られていない」という事実である。自白調書は「私は……」と袴田さんの一人語りの形式で、いかにもすべてを袴田さんが語ったかのように録取されているが、録音テープで見れば、袴田さんは取調官の質問に対してほとんど単語レベルで断片的に語っているだけで、自分の口で文章にして語っている部分はほんのわずかしかない。

たとえば、Ｉ刑事の取調べで袴田さんが犯行の全容を最初から最後まで語ったとされる九月六日日付警察調書のうち、専務Ｈさんを殺害した場面を取り上げてみる。この調書は、九月六日の六通の自白調書のうちＭ刑事の取った二通につづく「三通目」として提出されたものである(取調べ録音テープと照合させた結果、じつはこの日の「五通目」だったのだが、それを三通目であるかのように偽装したことが明らかになっている)。

この自白調書以前の自白内容を見ておけば、録音テープに収録されていないM刑事による一通目の調書では「専務一家を殺したのは私です。誠にすみませんでした。詳しいことは今から話します」というだけだが、同じく録音テープに収録されていないM刑事の二通目には、犯行の流れがごく簡単に四丁にまとめられている。ただ、その内容は捜査側が現場状況から想像できる範囲を超えていない。つまり、奥さんと深い関係になって、その奥さんに「家を新築したいので強盗が入ったように見せかけて家を焼いてくれと頼まれて」、これを引き受け、事件当日の深夜一時半頃に、奥さんが開けてくれていた裏口から侵入して、屋内を物色していたところ「専務が起きてきたので、裏木戸から逃げようとしたが逃げられず、そこで取組合となり、自分が持っていた刃物を専務にとられそうになり」、もみあって「左手の指が切れ」、「右肩をけがをしました」という。そういうかたちで、否認段階から追及されていたパジャマの血を説明する内容の自白が録取されたうえで、「専務に自分の刃物をとられてしまったので自分は右手で専務を殴って専務をその場に倒して、刃物をとり返し」「専務を無中(ママ)で刺しました」。そして、その場面を奥さんに見つかって「奥さんを追って行き無中(ママ)で奥さんを刺しました」、次女のF子さん、長男のM君の殺害については「覚えていない」という。この自白調書に記録された自白内容は、録音テープがないために、そのうちのどこがどのように袴田さんによって語られたのかはわからない。

この最初の二通の自白調書を前提に、「三通目」でどのような自白が取られ、それが取調べ録音テープとどのように対応しているかを検討してみる。以下は、くり小刀を持って専務宅に侵入して家屋内を物色しているとき、専務に気づかれて、土間から裏木戸まで逃げたが、そこで追い詰められて専務から足を蹴られたという、その直後の場面である。調書に記載された文字データを下敷きに、袴田さん自身が録音データ上、自分の口で言っている部分を◯◯◯◯のように網かけし、取調官が質問のなかで語っている部分を◯◯◯◯の傍線で示し、何の印もついていないところは、録音データ上に対応部分を確認できない。つまり、調書作成の段階で取調官の側が書き加えたと言わざるをえない部分である。

(足を蹴られて)それで私も頭に来てしまい刃物を右手に持って向いました。刃物は小指側にして振上げたところを専務に右手を押えられ、そのまゝ後ろに押付けられるようになり、そのとき右腕を刃物の先で切ったのです。その傷がこれです。見てください。(このとき被疑者は右腕を本職らに示した)。そのときは専務ともみあってしまい、主導権はどちらかというと専務がとり、私の刃物を取ろうとしていましたが私も取られまいとしてこれに?・(文字不明)りました。そのときどうしたはずみか左手がナイフの刃先に当りチカッとして、カッとなってしまいました。左手にチカッと刃物が当り瞬間的に痛みを感じたのでそのまゝ専務を押し返すと、そのはずみで専務はころけてしまい、ナイフも私の手から離れたので、専務がころけると同時にナイフを拾って、倒れている専務が起きかかったとき、右手に持ってたナイフで専務の胸、首あたりを目茶苦茶に刺してしまいました。専務はそのまゝ動かなくなりました。

袴田さんは事件後、左手の中指に五〜六ミリの切り傷があって、本人は屋上に上がって消火活動にあたった際に滑って、そこで怪我したのではないかと思うと弁明していたのだが、捜査側はそれが本件犯行時の怪我ではないかと疑い、また右肩にも怪我があって、それも事件と関係があると考えていた。上記の自白内容は、このことを念頭において録取されたものだが、袴田さん自身が自分の口で語った◯◯◯◯の部分は全体のごく一部で、文字数にして全体の約七分の一でしかない。この断片をつなぐのは◯◯◯◯の傍線で示した部分(取調官の側の質問に出てくる文言であり、さらに二人の問答をもとに犯行の流れを脈絡づけている地の文(右記引用の無印の部分)は、録音テープ上に対応するものはなく、取調官が勝手に付け加えたものでしかない。

こうして見れば、調書上はまるですべて袴田さん自身が語ったことばであるかのように記していながら、袴田さん自身のことばはごくわずかで、犯行の流れを文章でつないでいるのは、結局のところ、取調官である。

その後の三人の殺害場面

その後の奥さん、Ｍ君、Ｆ子さんの三人を殺害する流れについては、調書上、以下のように、さらに貧弱な中身しか録取されていない。

（専務を刺し殺した）そのとき姉さんはトイレの少し裏木戸よりに立っていました。私をみたとたん姉さんはキャーッと悲鳴（ひな）って寝床の方に飛んで逃げました。私も専務をやってしまってことが姉さんに見付って（ママ）しまったので、どうにもならないと思い、追掛けて行き、姉さんは寝床の近くで馬乗りになって持ってたナイフで目茶苦茶に刺してしまいました。

私が姉さんを追って行ったときに既にＭ君が姉さんのところに立って（ママ）いました。姉さんを一、二回刺してるとき、そばにいたＭ君も刺しています。姉さんもＭ君も同じ寝床のところで目茶苦茶に刺してしまいましたが、そのときはＦ子ちゃんも起きていましたが、私を見て逃げたので、ピアノのあった部屋の付近で同じようにナイフで何回か突刺しました。

裏木戸のそばで専務を殺害する場面を奥さん（調書では「姉さん」と呼ばれている）に目撃されて、逃げる奥さんを家の奥まで追って刺したというところは、Ｍ刑事の二通目の自白調書にすでに出ていて、袴田さんはそれを言葉にしただけで、そもそもこれが最初から袴田さんの口から出てきたものだとの保証はない。しかも、殺害行為に関しては、三人もの人を刺し殺したというのに、袴田さんの発言は「目茶苦茶に刺してしまいました」というだけである。

「供述の起源」という見方をここで使えば、供述調書上に録取された供述のうち、その起源が袴田さん自身の発言にあると確認できる部分は皆無で、この自白調書は、せいぜいのところ袴田さんと取調官との「合作」、しかも取調官の側の主導による「合作」であって、端的に取調官の「作文」と言わざるをえない部分も多い。もし袴田さんが真犯人ならば、自白調書は袴田さん自身の「体験の記憶」の語りで埋められていなければならないところ、録音テープで見れば、袴田さんが寄与している発言部分は非常に限られている。

現場に四人の死体があり、いずれにも一〇カ所前後の刺し傷があって、自白調書はこれに「言及」してはいるが、そこでは死体の位置が意識されているだけで、それ以上の具体性はない。そのうえに、その後の自白では殺害の順序すら変遷する。

ガソリンを撒き、火をつける場面

それだけではない。殺された四人のうち、専務を除く三人はいずれも室内で刺されていた。その三人の死体の解剖結果によれば、気管支に煤があり、血中からは一酸化炭素が検出されたことから、火が出たときまだ息をしていたと考えられる。つまり、まだ生きて息をしている人にガソリンをかけて火を放ったということになる。それはとんでもない情景だったはずである。ところが、これに対応する取調べ録音テープを見れば、次のような問答がなされているだけで、その具体的な様子はまったく語られていない。

I刑事　今、**全部こう、四人とも、うご、動かなくなったんだな？**
袴田　ええ。
I刑事　うん、それから裏木戸行って、どうした？
袴田　**あそこ蹴破って表へ出たです。**
　（沈黙）（調書記載音）
……中略……
I刑事　（不明）、それからどうしただ？
袴田　それから油に火を点けたです。
……中略……（四人にそれぞれ油をかけたというだけの問答）
L刑事　どういうわけでかけただ？
I刑事　このままじゃ見つかっちゃうっていう、（不明）ってことか？　え？
袴田　そうです。
　（沈黙）（調書記載音）
I刑事　油をかけて燃えてしまえば、ま、あとは分かんないと思ったのか？　え？　な？

そんときのおまえの気持ちは？
袴田　そうです。
……中略……（四人にそれぞれ火をつけたというだけの問答）
ー刑事　**その火を点けるときはみんな、もう息がなかったか？**
袴田　**と思います。**
ー刑事　ふーん。
（沈黙）（調書記載音）
ー刑事　それから？　どうしただ？
袴田　それで、裏口出て帰って来たです。

四人を刺した結果、「四人とも動かなくなったんだな」と言われて「ええ」と認め、火をつけるとき「もう息がなかったか」と言われて「と思います」と認める。それだけである。現場での被害者の様子も、自分の行動の具体的な詳細も、そこでの自身の心理状況も、何一つ語られていない。

四人もの人を凶器で刺し、まだ息の絶えていない被害者にガソリンをかけ、火を放つという体験を実際にやっていれば、そこにはとんでもない場面が展開したはずなのに、袴田さんの自白は、刺した、ガソリンをかけた、火をつけたという事実を、ただ「点」として認めるだけで、「筋書」

にさえなっていない。

自白の上では「わずか一〇分間の犯行」

それればかりでない。深夜に一人で忍び込み、そこで四人もの人間を刺し殺し、ガソリンを撒いて、火を放って逃げるということになれば、最初から完全に計画して、すべてを計画通りやったとしても、その犯行には相当の時間がかかったはずである。もし、袴田さんの自白が言うように、当初から計画したのではなく、侵入して物色中にたまたまHさんに見つかって一家四人を殺して、証拠隠滅のために放火したのだとすれば、犯行にいったいどのくらいの時間がかかったであろうか。

そもそも本件は、午前二時前に現場から火が出て、近所の人たちが通報し、消火にかかったところから始まっている。そして、その後の捜査によれば、現場のすぐ横の東海道線を通過した列車の乗務員が、午前一時四四分頃に焦げた臭いに気づいた。火はまだ出ていなかったということから、放火時刻はその少し前、つまり一時四〇分前後ということになる。これもまた重要な「事実」で、それが自白によって説明されなければならない。

ところが、袴田さんの自白によれば、自分の住んでいた工場内の部屋を出たのが深夜一時二〇分頃、現場のHさん宅には一時三〇分頃に侵入したことになっている。この点は九月六日の最初の自白から九月九日付検察調書まで一貫している。

九月六日の自白では、Hさんの奥さんと関係があって、奥さんに「家を新築したいので強盗が入ったように見せかけて家を焼いてくれ」と頼まれて本件をやったという動機になっていたこともあり、工場でガソリンを味噌樽に入れ、これを持って裏口に行くと、裏木戸は奥さんが開けてくれていたので、ガソリンをあらかじめ屋内に運び入れていたという。それが一時三〇分頃。そこから一時四〇分前後までのわずか一〇分前後の短い時間内に、小さなくり小刀一つで四人を刺し殺し、運び入れていたガソリンを撒き、火を放ったことになる。

七日以降の自白では、奥さんからの依頼という話がなくなったことで、ガソリンを持ち込む時点が四人の殺害後となって、それにかかる時間も必要になる。それでもHさん宅への侵入時刻は一時三〇分頃のままである。そうすると、Hさん宅に屋根伝いに侵入し、室内を物色しているところをHさんに見つかり、裏木戸のそばで専務を刺し殺し、あとの三人を屋内で殺害して、そこから放火を思い立って工場に戻り、ガソリンを現場に運び入れ、これを一人一人に撒いて、火を放って工場に逃げ帰る。それを一〇分間前後でやらなければならない。それは現実的にありえない。

取調官たちは、火が出た時刻を知っていたはずだが、取調べでそのことを具体的なかたちで意識していなかったのだろうか。結局、袴田さんの自白は、Hさん宅の四人全員が殺害され、ガソリンが撒かれ、火をつけられていたという事後の「事実」を、それぞれ一点ずつ「自分がやった」こととして確認しただけで、それ以上の具体的な犯行物語をまったく語りえていない。

無実の人には、いくら想像をめぐらせても、すぐには犯行内容を語れない。自白に落ちた被疑者のこの「語れなさ」、あるいはそこに刻まれた「無知の暴露」こそ、当の被疑者の非体験者性を示す第一の徴表なのである。

4　事後の「事実」から組み立てられた奇妙な自白

事後の「事実」からの逆行的構成

無実の被疑者には、事件後に残された「事実」を一つ一つ具体的に語ることがむずかしく、自白転落直後の「語れなさ」は半端でない。ただ、それでも自白過程が進行するにつれて、無実の被疑者にも、当の事件がどのようなものであったかが少しずつ具体的に見えてきて、それなりに犯行筋書を想像できるようになってくる。しかし、そこにあらたな問題が登場する。

無実の被疑者が取調官の追及に沿って犯行内容を語ろうとするとき、その被疑者も取調官も、実際にその犯行を体験していない。したがって、事件の後に結果として残された「事実」から、さかのぼって当の犯行の「過程」を想像的に組み立てるしかない。そこにはやはり無理が生じる。もし真犯人が捕まって、取調べの場で真の自白を語ったとすれば、その自白においては、みずからが現場で順行的にたどった犯行の流れを、体験の記憶に沿って語ればよい。それは実際に体験した行為の流れである以上、たとえ犯罪行為であるとしても、人の行動として自然に理解されるはずである。しかし、無実の人がみずから体験していないことを、与えられた事後の「事実」から逆行的に構成して語ろうとすれば、そこには順行的に「ありえない不自然さ」が浮かび上がる。それは、言わば「逆行的構成」の痕跡であり、その自白の語りそのものが、非体験者の語りであることを示す。

たとえば、狭山事件の場合なら、脅迫状が被害者Y子さん宅に投げ込まれていた「事実」、その脅迫状通りに翌日深夜に真犯人が指定の場所に現れた「事実」、そしてY子さんが姦淫されて殺されていた「事実」、その死体が農道に埋められて発見された「事実」、その農道近くの畑に芋穴があり、そこにY子さんの自転車に付いていたビニール風呂敷が落ちていた「事実」……など、事後に確認された「事実」は膨大にある。もし石川さんがこの事件の真犯人ならば、これらの「事実」がすべてその自白によって順行的に納得の行くかたちで説明されなければならない。

ここでまず取り出して論じたいのは、石川さんが六月二三日に三人犯行自白から単独犯行自白へと転回した後、死体を最終的に農道に埋めるその死体遺棄場面についての自白の語りである。この語りに対応する取調べの様子が、開示されていた録音テープに残されている。

計画的であるべき犯行のあまりの非計画性

まず、石川さんの最終的な単独犯行自白において、その犯行の流れがどうなっているかを見てみれば、犯行の動機は、子どもを誘拐して身代金を奪おうというもので、そのために妹の持っていた雑誌からルビを振った漢字を拾って、脅迫状をあらかじめ作成し、ズボンのポケットに入れておいた。そうして事件当日、午後三時過ぎに、たまたま路上で女子高生のＹ子さんと出会い、山のなかに連れ込んで、強姦し殺害してしまったので、所持していた脅迫状の文言を手直しして、Ｙ子さん宅に脅迫状を投げ込んで金を奪おうと考えた。ただ、脅迫状をＹ子さん宅に届けるとき、死体から離れることになるので、死体は近くの畑の芋穴にいったん隠しておいて、脅迫状を届けた後に、芋穴に戻って死体を引き上げ、近くの農道に埋めたのだという。

こうした話の流れを聞いたとき、一見、それらしく聞こえるところもあるが、よく考えてみれば、おかしい。最初、誰という特定なく子どもを誘拐して身代金を奪おうと考えて脅迫状を作成しておいたというのも、不思議な犯行計画である。しかも、たまたま路上で出会った女子高生Ｙ子さんを強姦し殺害したことで、所持していた脅迫状を手直しして、行ったこともないＹ子さん宅を探し当てて脅迫状を投げ込んだというのである。そんなちぐはぐな犯行があるだろうか。そもそもたまたま路上で行き違った見ず知らずの女子高生Ｙ子さんを捕まえたのでは、脅迫状を投げ込むべきそのＹ子さん宅が地域のどこにあるのかも、脅迫して大金を奪えるだけの資産があるのかさえもわからない。表向き「計画的な犯行」として出発しながら、結果はまったく「非計画的」でしかない。こうした行き当たりばったりの犯行そのものが、順行的な犯行の流れとしては理解しがたく、逆行的構成の可能性がきわめて高いのだが、その点は、一応おく。ここで取り上げて検討したい問題は死体遺棄の場面である。

「芋穴に死体をいったん隠した」という特異な犯行筋書

Y子さんの死体は、誘拐され脅迫状が投げ込まれた五月一日から三日後の五月四日に発見されている(図4参照)。その死体遺棄状況については、本件捜査によって次の四点の「事実」が確認されている。問題は、この四点が石川さんの自白のなかにどのように組み込まれて語られたかである。

A　死体が農道(一四二頁の図6の⑬)に埋められていた事実
B　死体の両足が細引紐で縛られ、そこに長い荒縄につながれていた事実
C　死体の足を縛った細引紐の一端にビニール風呂敷の切れ端がついていた事実
D　その切れ端に符合するビニール風呂敷が近くの芋穴(図6の⑤)から発見された事実

石川さんの自白は、Y子さんを殺害した後の死体遺棄場面を次のように語っている。

ⓐ　Y子さんを殺害した後、現場の林(図6の④)の檜の下でしばらく考えて、Y子さん宅

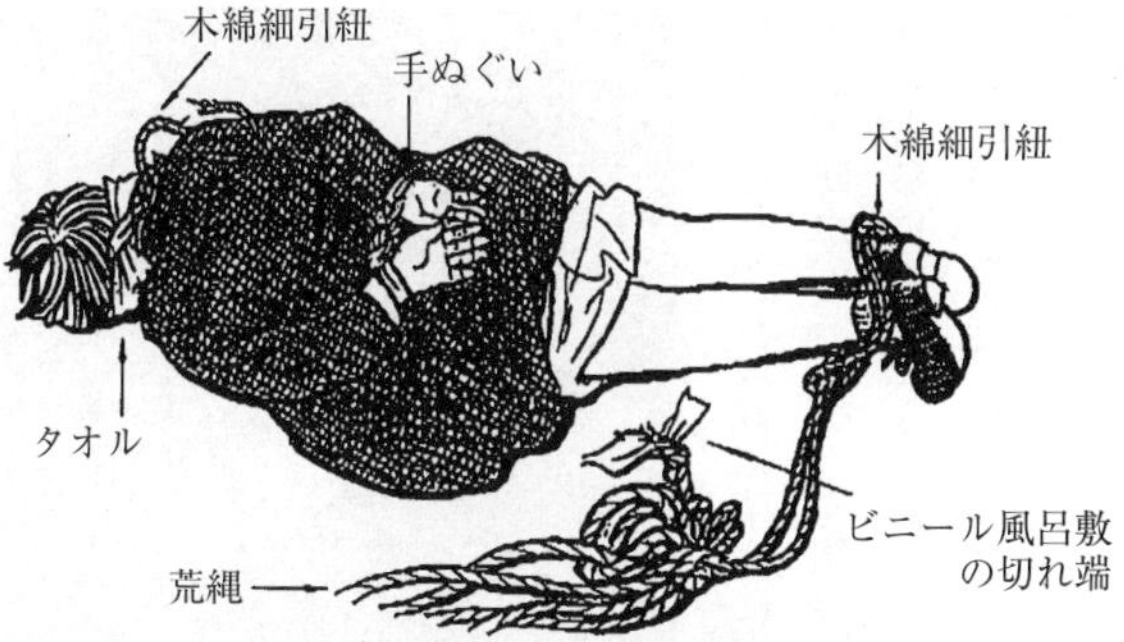

図４　死体遺棄状況（狭山弁護団提供）

（図6の⑩）に脅迫状を届ける前に、死体をいったん近くの畑の芋穴に吊るして隠し、後で帰ってきてから農道に埋めようと思った。そこで死体を芋穴のところにまで運んでおいて、林のなかの檜の下に戻り、ズボンのポケットに持ち歩いていた脅迫状を取り出し、その内容を加筆修正した。

ⓑ　それから近所の新築中の家から縄や細引紐を取ってきて、死体の両足をY子さんの自転車についていたビニール風呂敷と細引紐で縛ろうとしたのだが、そのときビニール風呂敷の両端が千切れたので、それはそのままにして細引紐で足首を縛り、その先に長い縄をつないで、芋穴にまで死体を運び、芋穴に逆さ吊りにして、縄の端を芋穴の傍の桑の木にくくりつけておいた。

ⓒ　そのうえでY子さんの自転車に乗ってY子さん宅に向かい、途中で鞄などを山のなかに捨てて（図6の⑥⑦⑧）、近所の家に立ち寄って（図6の⑨U・K宅）Y子さん宅の場所を聞いて、Y子さん宅に脅迫状を投げ込んだ。

図5　芋穴(狭山弁護団提供)

ⓓ　そこから死体を隠していた芋穴のところまで戻って、死体を埋めるべく近くの農道を掘り、芋穴に吊るした死体を引き上げて、農道に掘った穴に埋めた。

死体を農道に埋める以前に、死体をいったん畑の芋穴(図5)に隠しおいて(ⓐⓑ)、Y子さん宅に行って脅迫状を投げ込み(ⓒ)、それから最後に芋穴に戻って、死体を引き上げ、農道に埋めた(ⓓ)というこの犯行筋書は、上記の四点の「事実」を組み込んでいて、しかもきわめて特異な内容で、それゆえに、一見、非体験者には語りえない自白であるかのように見える。じっさい、確定判決はそのように認定して、その信用性を高く見積っている。しかし、そのような直感的な印象による判断ほど危険なものはない。

事後の「事実」を突きつけられて逆行的に構成した可能性

じっさい、Y子さんの死体遺棄にかかわる石川さんの自白は、上記の四点の「事実」から逆に推論して構成することが可能である。

まず、Y子さんの死体が農道に埋められていたという「Aの事実」は、そこにいたる死体遺棄の犯行の流れがどうであれ、最終の結果として、自白の語りの大前提となるもので、石川さんは自白でその通り「死体は最終的に農道に埋めた」と語る。そのうえで農道に埋める以前に、脅迫状をY子さん宅に投げ込みに行くため、死体をいったん芋穴に隠したと自白している。この話は、Y子さんの自転車の荷かごに入れていたビニール風呂敷が、問題の芋穴に端が切れたかたちで落ちていたという「Dの事実」から推論される。また、そのビニール風呂敷に符合する切れ端が死体の足首を縛っていた細引紐の端に残っていたという「Cの事実」からは、Y子さんの両足首を縛るのにこのビニール風呂敷を使おうとして千切れたという話が引き出される。さらに、Y子さんの死体の両足首を縛った細引紐にはさらに長い縄がつながっていたという「Bの事実」からは、死体を芋穴に吊るし、縄の端を傍の桑の木にくくりつけて、あとで死体を引き上げたのではないかという推論が引き出される。当時の捜査側にとっても、Y子さんの死体の両足首が細引紐で縛られ、そこに長い縄がつながっていたという事実が、いったい何を意味しているのかが大きな謎で、それを自白のなかで語らせることが当初からの課題となっていたのである。

こうして見れば、死体遺棄にかかわって石川さんが自白したとされる特異な犯行筋書は、四点の事後の「事実」から逆行的に構成することが可能である。じっさい、石川さんは否認後の控審における公判供述で、この犯行筋書は「自分で考えて話した」と述べている。つまり、この犯行筋書は、取調官から事後の「事実」を突きつけられて、自分なりに考えた結果だと法廷で述べたのである。ところが、確定判決はこの点を捉えて、取調官から押し付けられたものではなく、石川さんが自分から言い出したもので、それゆえに「任意性」が認められるし、事件後の客観的証拠とも合致していて「信用性」も高いと判断してしまった。

繰り返し述べてきたように、虚偽自白とは無実の人が自白に落ちて、やむなく自分が犯人ならどうしただろうかとみずから考えて語るものである。取調官から押し付けられたのではなく、自分から言い出したから真の自白であるなどと判断するのは、裁判官が虚偽自白過程についていかに無知であるかを露呈しているようなものである。

その点はおくとして、問題は、この犯行筋書が順行的な体験の流れとして自然なものかどうかである。その点を検討しなければならない。

順行的行動として「ありえない不自然さ」

死体遺棄にかかわる石川さんのこの自白の流れを、真犯人の順行的な行動として読んでみると、そこにはどう考えてもありえない不自然さが見えてくる(図6)。

第一に、自白で殺害現場とされた場所が、周辺に田畑が広がるうっそうとした雑木林のなかであることにかかわる(図6の④)。Y子さんの死体が埋められていたのは、その林の端から二〇〇メートルほど離れた農道で(図6の⑬)、その周りには田畑が広がっていて、人が通る可能性もあった。現に自白上で強姦し殺害したとされる時間帯には桑畑でOさんが農作業をしていることがあきらかになっている(図6の⑭)。また、自白で死体を逆さ吊りにして隠していたという芋穴は、死体が埋められていた農道からさらに二〇〇メートルほど先の畑のなかに掘られている(図6の⑤)。この地理的関係を念頭に、自白での石川さんの行動がどういうものだったかを考えてみる。

自白によれば、この雑木林のなかでY子さんを殺害し、脅迫状をY子さん宅に届けるために、いったん現場を離れなければならない。そこで死体を人目に触れないところに隠したいのだが、時刻は午後六時すぎだという。事件は五月だから、これから日が暮れていくという時間帯で、まだ明るい。石川さんの自白通りであれば、その明るいなか、死体を抱えて林から農道に出て、芋穴まで二〇〇メートルもの距離を移動したことになる。死体を隠すためということで、林の中からあえて農道に出て、人目に触れる危険を冒すこと自体が、順行的にはあきらかに矛盾である。いったんその場を離れるために死体を隠したいということであれば、むしろ殺害現場の林の中で、人に見つかりそうにない茂みを探すほうがはるかに危険は少ない。そうせずに死体を抱えて林を

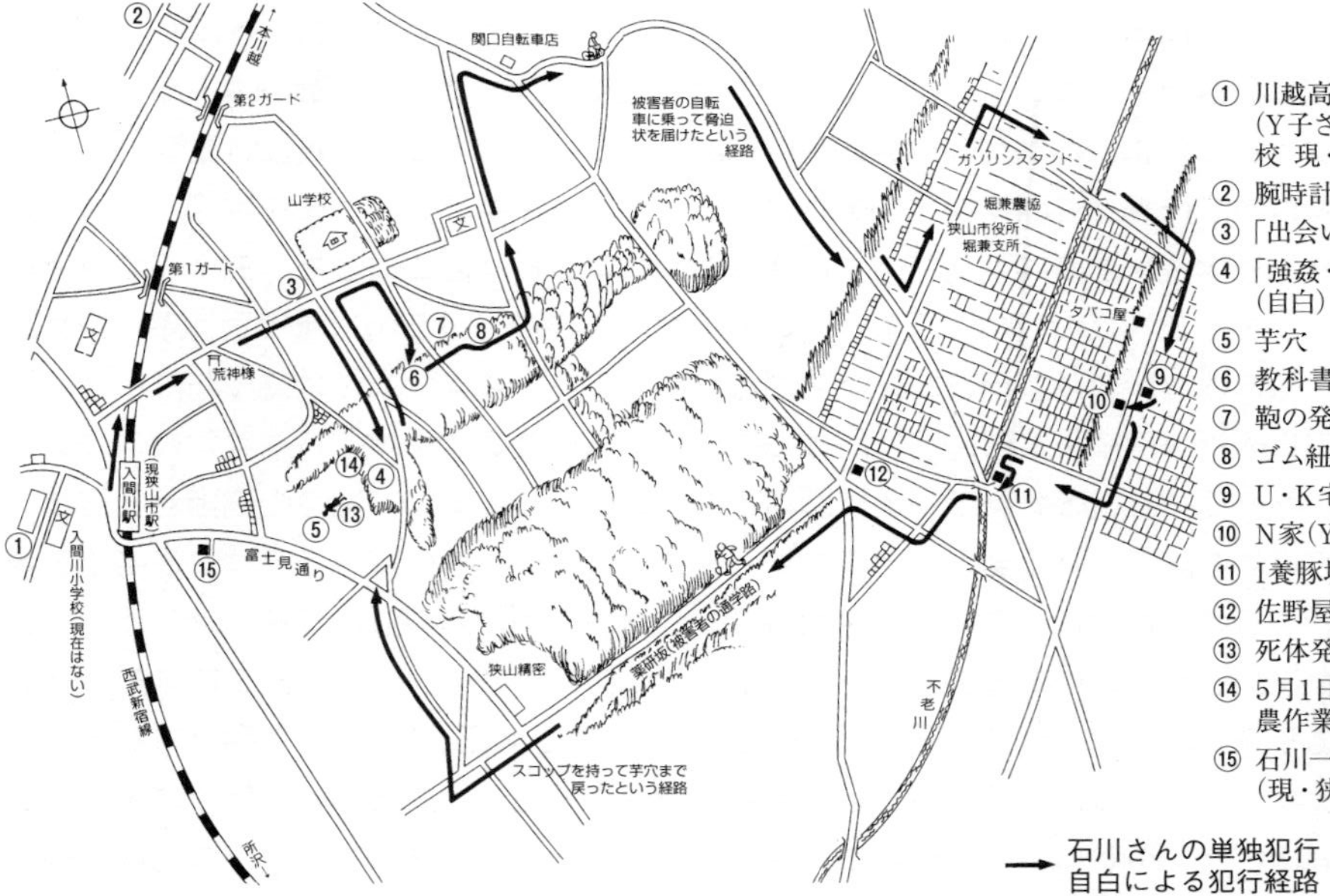

① 川越高校入間川分校
(Y子さんが通っていた学校 現・狭山准看護学校)
② 腕時計発見現場
③ 「出会い地点」(自白)
④ 「強姦・殺害現場」
(自白)
⑤ 芋穴
⑥ 教科書などの発見現場
⑦ 鞄の発見現場
⑧ ゴム紐発見現場
⑨ U・K宅
⑩ N家(Y子さん宅)
⑪ I養豚場
⑫ 佐野屋
⑬ 死体発見現場
⑭ 5月1日午後Oさんが農作業をしていた桑畑
⑮ 石川一雄さん宅
(現・狭山現地事務所)

図6 殺害現場とされた林(④)と芋穴(⑤),死体が埋められた農道(⑬)(狭山弁護団提供)

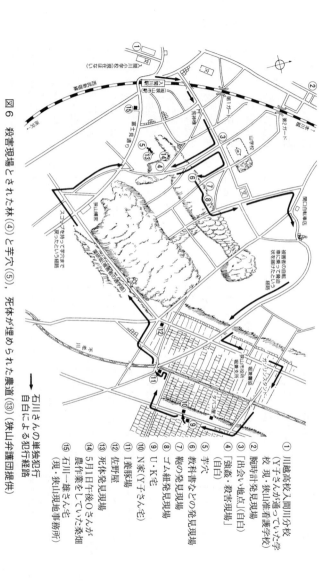

出る危険を冒さなければならない理由はどこにもない。

第二に、死体を芋穴に隠すということ自体の困難にかかわる。芋穴というのは、畑の中にL字形に掘って、そこに収穫した芋を保存しておく穴で、そこに逆さ吊りしたのだという。Y子さんの体重は五四kg、それだけの重さの死体を二〇〇メートルもの距離を抱えて移動することになる。それ自体が大変な作業で、誰かに見つかりかねない。おまけにその死体の足首を縄で縛り、頭から穴のなかに下ろし、縄の端を桑の木にくくっておき、その後、脅迫状を届けて帰ってきたときに、ふたたび縄をたぐってこの重い死体を引き上げなければならない。一時的に死体を隠すためなら、もっと簡単な方法を考えるはずだし、その方法はいくらでもある。にもかかわらず、このように大変な作業をしようと考えること自体が、順行的には考えにくい。

第三に、Y子さんの死体の足首には傷痕がなかった。これは客観的な事実である。もし自白で言うように、足首をくくった状態で五四kgもの重い死体を芋穴に引き下ろし、数時間吊るしておいて、それからふたたびその死体を引き上げたとすれば、足首にかかる負荷は相当に大きく、そこに何らかの傷痕が残らないはずがない。ところが、死体の検証の結果として、足首にそのような傷痕は残っていない。石川さんは自白したとき、この死体の状況を知らず、またこの自白を聞き取った取調官もこの点を意識することがなかったのであろう。だからこそ、客観的な事実とあきらかに食い違う自白が語られてしまった。これは「無知の暴露」にほかならない。

こうして見れば、石川さんのこの場面の自白は、四点の事後の「事実」を前提に、そこから逆行的に構成されたものでしかないことがあきらかである。それはまさに無実の人の想像の産物なのである。

逆行的構成の過程を示す録音テープ

死体をいったん芋穴に隠したという自白は非常に特異な犯行筋書で、一見、これを体験したからこそこのような特異な状況を語れたかのように見えるが、実のところ、それは事後の「事実」から逆行的に構成したがゆえにできあがった奇妙な筋書でしかない。そのことは自白調書に書き込まれた文字データの分析からすでにあきらかなのだが、新たに開示された取調べ録音テープを追ってみれば、その想像の過程がどのようなものだったかを確認することができる。

以下は、六月二五日付警察調書を録取する過程を収録した録音テープである。ここで取調官たちは、死体を農道に埋めることを考えたのはいつだと、石川さんに問おうとしている。ところが、話がうまくかみあわない。

B刑事　それから、この埋めることを考えたのは、やっぱり、んー、何かね、そのー、**この木の下で考えているときに、埋めることを考えた訳?**

石川　そうじゃねえんだ、別にね。

B刑事　うん。うん。
石川　縄あって、Y子ちゃんを下ろしちゃってっからなんだよね。
A刑事　ああー。そうか。
石川　うん。
B刑事　うん。
石川　穴蔵ん中にかくらしちゃってっから。
B刑事　ああー。
A刑事　ああそうか。
……中略……
[間]（調書に書き取る筆記音）
B刑事　穴を掘って、だけどそれ、えー、**穴蔵の中へぶっ込んどくつもりなら、ただそのままぼこっと転がしておけばよかったたじゃない？**
石川　うーん。そうなんだよねえ。
B刑事　うん。（笑い声で）そうなんだよねって、そりゃ、君が考えんだ。
A刑事　ハハハ。
B刑事　ああ。

A刑事　だからさ、要するに、このー、穴ん中へ、えー、入れちゃったらば、別に埋めなくってもよかったじゃないかと。
B刑事　うん。
A刑事　こう聞かれてんだ。それをどういう訳で、なんだな、埋めることになったんだと。
B刑事　うん。
A刑事　そういう、ま、話だ。
石川　だから、穴ん中置いといちゃまずいから。
B刑事　うん。
石川　また埋めることになったんだよね。
B刑事　うん。だから、それを、その、考えたのは、どこで考えたかというんだ。埋めようということを考えたのは。
石川　埋めようと考えたのは、行きながらなんだよね。
B刑事　行きながらって？
石川　あのー、手紙届けに行きながら。
　このやりとりの冒頭で、B刑事は「農道に埋める」ことを考えたのは「木の下で考えているとき」ではないかと訊いている。この「木の下」というのは、雑木林のなかで強姦・殺害をしてまった後に、これからどうしようと夕方まで考えたとされるその林のなかの檜の「木の下」である。B刑事は「木の下」を具体的に指示して、その場で、脅迫状をY子さん宅に投げ込みに行く間、芋穴に隠しておいて、それから「農道に埋めようと考えた」のではないかと、文字通り誘導的に訊いている。

ところが、石川さんはこの誘導に乗れず、「農道に埋めようと考えた」のは、芋穴に「Y子ちゃんを下ろしちゃってっからなんだよね」と、まるでとんちんかんな答え方をしている。芋穴に隠してから後に、農道に埋めることを考えたというのでは、そもそも芋穴に吊るすとき足首に縄をつけて引き上げられるようにしておいた意味がない。その犯行筋書が石川さんには十分に飲み込めていないのである。

そこでB刑事は「穴蔵の中へぶっ込んどくつもりなら、ただそのままぼこっと転がしておけばよかったじゃない？」と反問している。しかし、石川さんはその反問の趣旨を汲み取れず、まるで他人事のように「うーん。そうなんだよねえ」と言う。そこで石川さんはB刑事から「そうなんだよねって、そりゃ、君が考えんだ」と言われてしまっている。

このやりとりのなかで、取調官たちは死体に長い縄をつけて芋穴にいったん隠して、それから脅迫状を運び、ふたたび芋穴に帰ってきて死体を引き上げ、農道に埋めるという犯行の流れを意識している。しかし、石川さんはこの流れを飲み込めず、右記引用の最後で、石川さんはなおも、農道に埋めようと考えたのは脅迫状の「手紙届けに行きながら」だという。

繰り返し誘導されてようやく飲み込めた筋書

取調官たちは、芋穴に死体を吊るす段階で足首に長い縄をくくりつけたという筋書を、その後も石川さんに説得して、それでも石川さんは話を飲み込めない場面が、録音テープで繰り返されて、最後にようやく次のような流れで訂正されていく。

B刑事　何のために穴蔵へ入れて。
C刑事　うん。
B刑事　紐で吊っといたかということなんだ。
C刑事　そう、そうなんだ。
A刑事　だから、何のために結局、穴蔵の中へ紐で吊ったと？
……中略……(同じ質問が繰り返される)
B刑事　何のために、このね、下げといたか。
C刑事　こういう訳だ、な。
A刑事　下げたことだ。
B刑事　うん。

石川　いや、埋め、埋めんべと思ったです。
C刑事　うん。ほかへな。
B刑事　[redacted]だからな。
C刑事　いやいやいや。
B刑事　埋めんべと思ったのは、その、下げる前に考えたんじゃないかちゅうんだよ。
石川　そうだよね。
B刑事　なあ。
石川　そりゃそうです。
B刑事　そうか。どこで考えたんだろうかと。
石川　それは、おんなじとこです(著者注：芋穴に隠そうと考えたのと同じ「木の下」の意)。
C刑事　ああ、ここか?
A刑事　[redacted]よーく、なんだ、あの、考えて、それは。
石川　うん。
B刑事　じゃあないと、理屈が合わないからな。

取調官たちは石川さんに対して、後で芋穴から「引っ張り出して」「ほかへ」「埋める」ために芋穴に吊り下げたという話の筋を飲み込ませようと問いかけ、さらには「埋めんべと思ったのは、その、下げる前に考えたんじゃないかちゅうんだよ」と露骨に誘導し、それでようやく石川さんは「そうだよね」と答え、取調官から「なあ」と確認を求められて、「そりゃそうです」と言う。石川さんはここでようやく取調官から言われていることを理解したのである。

以上のようなやりとりの末に、六月二五日付警察調書は、ここでの自白をまとめて、「私はこのあなぐらのそばへY子ちゃんを運ぶ前からY子ちゃんの身体を土の中へ埋めてしまって人にみつからないようにしようと考えて居りました。そのことを考えたのはY子ちゃんを殺して夕方までどうしようかと考えていたときです」と録取し、「それで私はそこから縄を探しに行きました、これはY子ちゃんを縄でしばって穴の中へ下げておいて、こんど出す時にその縄をひっぱれば引きあげられるようにするため、Y子ちゃんを下げておく縄を探しに行ったのです」という話につながっていく。

殺害後、脅迫状を届けに行く前に、最終的に農道に埋めるつもりで、いったん芋穴に隠しておこうと考えて、近所に縄を探しに行き、そうして死体の足首を縛り長い縄をつないで逆さ吊りにしたという、この特異な犯行筋書にたどりつくまでに、背後で、いま録音テープで見たように、取調官が主導して理屈合わせをする過程が繰り返し必要だったのである。その過程を見れば、たしかに石川さんは自分が犯人になったつもりで、理屈合わせに付き合っているが、しかし、犯行の流れを十分に頭に描ききれず、なかなか話がまとまらなかったことが読み取れる。これを体験者がみずからの体験記憶に基づいて語っているものだとは、とても言えない。

石川さんの自白過程は、与えられた事後の「事実」を前に、石川さんが想像で語り、それを取調官がチェックする。あるいは取調官が想像して、石川さんが確認する。そういうかたちで、たがいに犯行の体験を知らない者どうしが、事後の「事実」から逆行的に犯行筋書を作り出した以外のものではない。つまり、それは非体験者の逆行的構成の所産なのである。しかも、そのことを示す痕跡が、上記の場面にかぎらず、あちらこちらで録音テープ上にはっきりと刻まれている（詳細は拙著『虚偽自白はこうしてつくられる』現代人文社、二〇一四年を参照されたい）。

5　「ありえない自白」をありうるかのように繕う

現場家屋への出入り――裏木戸問題

清水事件の場合も、先の３で見たように、袴田さんは自白転落後、取調官の追及に合わせて、残された事後の「事実」を一つ一つ確認して、その筋書の外形をなぞっている。ところが、それを現実の具体的な体験として語ろうとすると、たちどころに行き詰まってしまう。その一例が裏木戸問題である。

事件のあった夜、袴田さんが味噌工場の二階の自室で寝ていたことは同僚たちが認めていた。

それゆえ袴田さんが深夜に現場のHさん宅に侵入するとすれば、線路伝いに裏口から入るというのがもっとも自然である。Hさん宅の表口に回って、そちら側から侵入することも考えうるが、表口はシャッターがあって、夜にはそれが下りているし、通常は鍵もかかっている。たとえ鍵がかかっていなかったとしても、深夜にそれをガラガラ開けて入るというわけにもいかない。じっさい、袴田さんの自白では、Hさん宅に侵入する経路が、裏木戸の傍にあった横の木を登り屋根伝いに中庭に降りて屋内に入ったことになっていた。そうしてHさん宅内を物色しているところをHさんに見つかって、そのHさんと裏木戸の前で格闘して刺し殺し、さらに奥さん、M君、F子さんを刺し殺して後、いったん裏木戸から外へ出て考えて、ガソリンを運んで来ていたことを思い出して、ふたたび裏木戸から入り、専務ら四人に順番に油をかけ、次いで火をつけて、最後に裏木戸から工場に帰ったということになっていた。このことは先に引用した自白転落当日九月六日の取調べ録音テープで確認できる(一二九～一三〇頁)。

ところが、火災発生時に駆けつけた消防隊員によれば、この裏木戸は固く締められていたという。先の録音テープでは、袴田さんは四人の殺害後、その裏木戸を「蹴破って表へ出たです」ということになっていたが、これでは現場状況を説明したことにならない。このことは取調官たちも、当然、気にしたはずである。

この場面の取調べを担当したI刑事は、どういうわけか、この点を問い詰めていなかったのだが、I刑事が犯行全体の流れを一応聴き取って取調室を出た後、同席していたM刑事は、袴田さんに対して次のように疑問をぶつけている。

M刑事　お？　現実に、それじゃあな、火事の、おー、火事、えー、一番最初発見されたときには、おまえさんが言うように、それじゃあ、**裏木戸を蹴破ってな、**[redacted]**、「出た」と言うけれども、あんときには、きちーんと、こうやって閉まってて、ええか？　消防の衆が二、三人がかりで、あの、裏木戸の扉を開けただろうが、入るために。いいか？　そういうとこを見ると、おまえさんがだな、帰りに出てくるのは、火をつけて出てくるのは、この裏木戸じゃないだよ、おまえさん、そう言うけども。いいかね？**

袴田　裏ですよ。

M刑事　うん？

袴田　裏ですよ。

M刑事　裏じゃないって。[redacted]、消防の衆が、きちんと、こう、閉めちゃってな、開かんだもんだで、あいつは、カンヌキでこうなってるじゃないか。この広い方の扉と小さな方の扉と二つなって。で、カンヌキが掛かってるから、な、**消防の衆が、おまえ、開かんもんで、わっさわっさ火事のとき、やって開けただもんだで。**おまえさんがあそこから出たっちゅうことは、それじゃ、おまえ、内側から、おまえ、みんな死んでるだもんだで、**おめえ、カン**

ヌキを掛けることないじゃないか？　できないじゃないか？　なあ？　そういうに言うと、おまえさんは出るについたじゃ、な、どっかほかの、おまえ、勝手場の屋根の方からずーっと逃げてきやへんか？　火をつけといて。

袴田　[redacted]ないです。

M刑事　それだども、**おめえ、理屈に合わんじゃないか。**

この裏木戸は、Hさんが工場と自宅を行き来するときに通るだけでなく、住み込み工員が専務宅内の食堂で食事をするために通る裏口で、袴田さんにとっても日常的に出入りする通用門であった。もちろん夜はきちんと戸締りをしている。現に、事件の夜も内側から閉められていて、消防隊員も「わっさわっさ…やって開けた」のである。

裏木戸は図7のように頑丈な作りになっている。左右の観音開きで、左の扉は右の扉の半分ほどの大きさで、上部と下部に掛け金が付いていて、真ん中にカンヌキがある。このカンヌキは燃えていたために、事件当時これが掛けられていたのか外れていたのかは不明だが、少なくとも上部の掛け金については掛けられていた。というのも、その掛け金の鍵座に雌鍵部分が掛かったままの状態で、扉から二メートルの位置の燃えがらの上に落ちていて、火が出た後に強引に押し開けた結果として、扉から外れたものと考えられるからである。一方、下の掛け金は鍵座が扉に付いた状態で、雌鍵部分が見つからなかった。この状態から考えて、下部の掛け金はともかく、上部の掛け金は閉まっていて、消防隊員が押し開けたときに扉から引きちぎられて飛んだものと考えられる。つまり、事件前までこの裏木戸は少なくとも上部の掛け金が掛けられていたし、カンヌキもまた掛かっていた可能性が高い。その状態で裏木戸を「蹴破って」出ることはありえない。だからこそM刑事は「理屈が合わんじゃないか」と追及したのである。

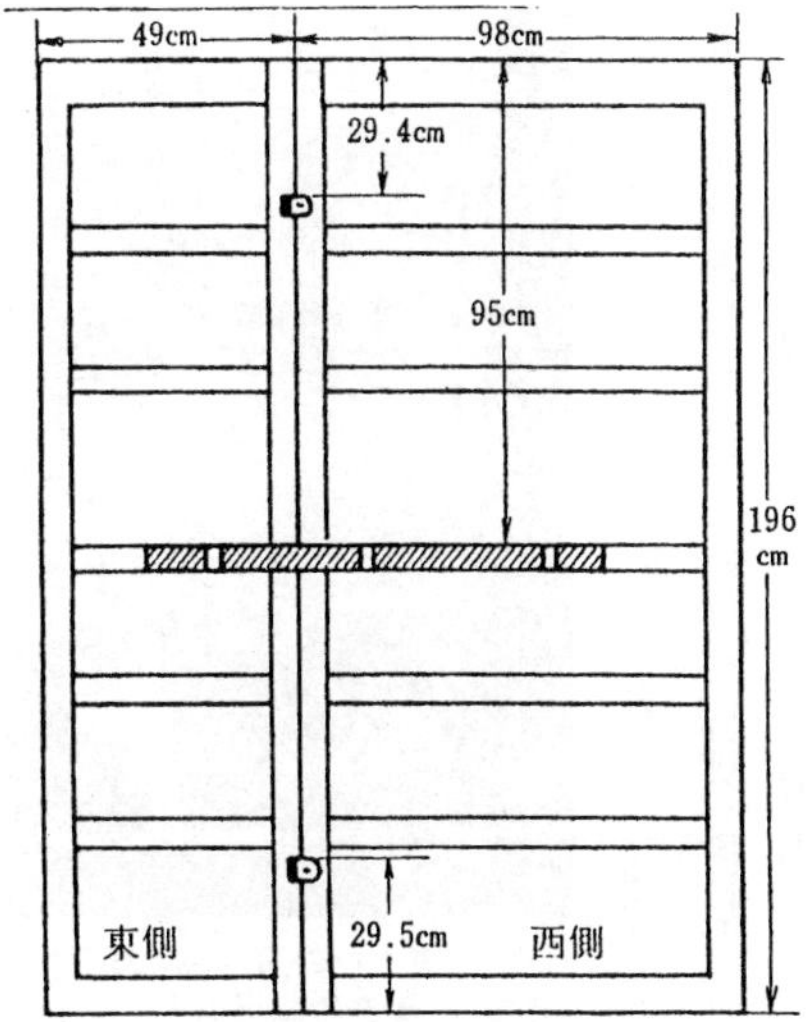

図７　裏木戸の図（『自白が無実を証明する』より）

「ありえない自白」を繕う

このM刑事の疑問に、袴田さんはまったく応じることができず、ただ「夢中でやったら取れたです」とか「そのどっちかを押したら、ボーンと開いたです」などと、同じ答えを繰り返すだけである。ただ、M刑事は袴田さんのこのおかしな自白を見て、ひょっとして袴田さんは無実かもしれないとは考えず、あくまで犯人であることは間違いないとの前提で問い詰めている。

それればかりではない。その三日後の九月

九日のＩ刑事の取調べでは、この部分が「カンヌキを動かし、戸の下にあった鍵を外して、戸の下のほうを押し開いて、そこから出入りした」となって、これが直後のＹ検事の九月九日付検察調書に引き継がれていく。このように具体的に語られると、「蹴破って」という漠然としたものと違って、一見もっともらしく見える。しかし、これ自体がまた、よく

図８　裏木戸の通り抜け場面の検証（袴田弁護団提供）

考えれば、なお不自然である。裏木戸を開けようとしてカンヌキを動かし、下部の掛け金を外し、それでも開かないと分かれば、上部の掛け金に気づくはずで、それを外すのが筋だが、そうせずにその上部の掛け金がかかったまま無理やり下のほうを押し開いて出たのだというのである。しかも、それが一度でなく、三度である。

おかしいのはそれだけでない。捜査側は九月九日付検察調書で自白している通りに出入りが可能かどうかを検証するために、九月一五日に検証実験を行い、上部の掛け金を掛けたまま扉の下部を押し開いて人が出入りできることを確認したとして、その検証調書に図８の写真を添付している。

そもそもこの写真のような出入りの仕方自体が不自然だが、それだけでなく、この写真では上部の掛け金部分が枠の外にあって、写っていない。弁護団がこの扉の開き方から、写真に写っていない上部がどうなっているかを検証した結果、掛け金部分は外れていたと考える以外にないとの結論に達した。現に、弁護団が現場の裏木戸を同一素材でまったく同じ模型を使って実験したところ、扉の下部を押し開いてそこを通ろうとすれば、確実に上部の掛け金が引きちぎられて外れる。つまり九月九日付検察調書の自白通りに裏木戸を通り抜けることは物理的に不可能なのである。

カンヌキと掛け金で戸締りした裏木戸を単に「蹴破って」通ることは、もちろんありえない。そして、「ありえない」としか思えないこの出入り行動を、戸締り状況を念頭に具体化して、まるで「ありうるかのように」描いて見せても、不可能は不可能である。「ありえない自白」をしている袴田さんを前にして、その無実の可能性を考えるのではなく、まるで「ありうるかのように」繕ってしまう。そうした自白聴取が許されていいはずはない。

犯人になったつもりで、しかし、やはり「語れない」

袴田さんは一九日間の厳しい取調べのはてに自白に落ちて、Hさん宅一家四人を殺し、油を撒いて、火をつけるという本件犯行のすべてを自分がやったと認めた。もしこれが真犯人の自白であったとすれば、事件の結果として残されたもろもろの事後の「事実」は、この自白の語りによって順行的にごく自然に納得できなければならない。ところが、全面自白に転落したはずの袴田さんが、およそそのように自然な流れを語れない。

いま見た裏木戸問題も、袴田さんが犯人で、犯行現場であるHさん宅に深夜侵入しようとするかぎり、当時のHさん宅の表口状況・裏口状況から見て、裏口方向から入ったと考えざるをえない。その点で、最初は裏口から屋根裏に上って中庭に下りて侵入したとしても、犯行後については裏木戸を通る以外になく、しかも自白によるかぎり、少なくとも三度はそこを通過しなければならない。そのために「蹴破って通過した」とか、上の鍵をそのままにして「下をこじ開けて通過した」という、現実にはありえない、不自然な自白になってしまったのである。これはまさに逆行的構成ゆえの不自然と言わざるをえない。

これはほんの一例にすぎない。日替わりで変遷した犯行の動機も、凶器とされたくり小刀の入手方法も、犯行現場への出入りの仕方も、四人の殺害から放火にいたる犯行本体の流れも、そして奪ったとされるお金の取り方も、あらゆるところに同様の「ありえない不自然さ」があり、不都合が見つかればそのつど「辻褄あわせ」がなされている。そして犯行時の着衣すら、裁判の進行中に「五点の衣類」が出てきて、検察側がこれを修正せざるをえなくなった。こうした自白過程を見て、真犯人である袴田さんが最初に「記憶間違い」をしていて後に修正したとか、あるいは最初は何らかの理由で「嘘」をついていて、それが取調官の追及で正されたのだというふうに説明することはできない。

袴田さんの自白過程のあらゆる不自然は、パジャマの血痕という筋違いの証拠でもって、無実の袴田さんを虚偽の自白に落としたところからはじまる。そうして本件犯行をみずからのものとして体験としていない袴田さんが、取調官から本件の事後の「事実」を一つ一つ追及されて、やむなくその体験者になったつもりで、その場で思いついたことを答えたのである。だからこそ、辻褄が合わないところが出てくるつど、さらに追及を受けて修正し、そうして自白は転々とする。ところが、裁判所は、この自白過程の最終結果のみを取り出して、それが事件後に残されていた「事実」とおおよそ合致するとして、そこに至る自白過程の問題をいっさい無視してしまった。

事件の結果として残された事後の「事実」から逆行的に構成されたその最終的な自白の筋書が、当の出発点となった「事実」と合致したからと言って、それで犯罪の証明ができたかのようにいうのは、あきらかにトートロジーである。そのトートロジーを見逃し、判決の決定的な瑕疵が見抜かれないままに、袴田さんがなお確定死刑囚であることの理不尽を、いまあらためて思わざるをえない。

6　現場検証で当てた「正解」——日野町事件

足利事件で「唯一残った謎」

足利事件の菅家さんの自白にも、その犯行筋書にはおのずと不自然・不合理がつきまとっている。しかし、被害児の衣類に付着していた精液のＤＮＡ型が菅家さんのものと合致したという「決定的証拠」のゆえに、その自白の問題性は、裁判の審理でほとんど無視されてしまった。

しかし、菅家さんの無実を主張した控訴審以降、あらたについた弁護人は、当時のＤＮＡ鑑定の問題を指摘しただけでなく、同時に、この自白がかかえていたいくつもの問題を的確に指摘して、「弁護人、検察官、裁判官はなぜ無実を見抜けなかったのか」を問うている（前記の佐藤博史・菅家利和『訊問の罠』）。ただ、一点だけ、無実の菅家さんがこの事件の体験者（つまり真犯人）でないかぎり、どうしてこれを正しく指摘できたのかと、不思議に思われる問題がある。それは、被害女児の衣服の捨てられた場所を、その現場での引き当たり捜査で、菅家さんが自分から指示して、それが残された「事実」と合致したという点である。

じつは、菅家さんは第一審公判で結審に至るまでほぼ一貫して自白を維持していたが、その間、二回だけ一瞬自白を撤回したことがある。その一回が別件二件を確認するために公判中にＭ検事が拘置所を訪れて取調べをしたときだった。その取調べの録音テープが、後の再審段階に開示されたのである（この自白の撤回については第四章を参照されたい）。その録音テープには、自白を撤回した菅家さんに対して、Ｍ検事が、現場引き当たり捜査で衣服を捨てた場所を正しく指示できた事実を突きつけて追及している場面が収録されている。

Ｍ検事　真実ちゃんの服を捨てたという場面、君が説明したでしょう？
菅家　はい。
Ｍ検事　最初はちょっと付近の様子が変わっててね。
菅家　はい。
Ｍ検事　よく分からないと言って違うところ説明したっていうけれど、後で死体がここにあったんだと教えてもらってからは。
菅家　はい。
Ｍ検事　ね。あ、じゃあ、捨てたのはここだと言って説明したでしょう？
菅家　はい。
Ｍ検事　君が説明した場所については、誰かから教えてもらったというわけじゃないよね？
菅家　え。教わってません。

M検事　その場でね、死体がここにあったと教えてもらって、それだけ教えてもらってたよね。
菅家　はい。
M検事　じゃあ、どこなんだと言って、あ、じゃあ捨てたのはここですと。
菅家　はい。
M検事　説明したんだねえ。僕もそばにいたから聞いてるけども。
菅家　はい。
M検事　で、君が説明した場所というのは、そのすぐ下から、真実ちゃんの下着が発見されてるんだよ。あんな詳しい場所まで新聞には出てなかったはずなんだけど。
菅家　自分は、あの、河川敷から下りて、それで、ずーっと行って、で、坂がありますね。
M検事　うん。
菅家　坂があって、それで、確か、左側に木があったと思いますけども。
M検事　うん。
菅家　草とか、木ですとか。
M検事　うん。
菅家　で、下がなんか、なんていうんですか、下がなんか落ちそうな感じがあったと思うんですけど。
M検事　うん。
菅家　自分はそのへんだと一応あのお、話してみたんです。
M検事　一応話してみたっつったって、当てずっぽうに話したの？
菅家　全然わかんなかったんですよ。
M検事　わかんないのがさ、ねえ、実際の事実とさ、狂いがないわけだ。当てずっぽうで話したわけ？
菅家　全然わかんなかったもんで。
M検事　いや、だから、わかんなかったんで、当てずっぽうで説明したの？
菅家　はい、だいたいあのへんだと思いまして。

M検事は、現場検証のために犯行現場に菅家さんとともに出かけて、そこで死体を置いた場所や脱がせた衣服を捨てた場所を確認しようとしたのだが、現場の様子が変わっていたために死体を置いた場所が分からず、それは立ち会った捜査官が教えた。しかし、その後、真実ちゃんの衣服を捨てた場所については、「誰かから教えてもらったというわけじゃない」のに、菅家さんがその位置を正しく指示した。その現場に立ち会ったM検事は「あんな詳しい場所まで新聞には出てなかったはずだ」、それを指示できたということは実際に菅家さんが犯人だからではないかと追及しているのである。しかし、菅家さんは「全然わかんなかった」ので「だいたいあのへんだと思いまして」その場所を指示したと言うだけである。それに対してM検事は「当てずっぽうで説明したの?」と問い、犯人でなければ、そんなことで広い河川敷のなか正しい位置を指示できるはずがないじゃないかと、菅家さんを問い詰めている。

「賢いハンス」効果

菅家さんが、真実ちゃんの衣服を捨てた場所を正しく指示できた事実は、いかにも不思議に見える。しかし、その現場引き当たり捜査の状況をよく見てみれば、じつは、これは不思議でも何でもない。問題となるのは、心理学の世界で有名な「賢いハンス」効果である。

いまからもう一二〇年以上前の一八九一年のこと、ドイツはベルリンで計算のできる賢い馬がいるということで評判になったことがある。馬の名はハンス。飼い主の出す計算問題に、蹄を叩く回数で正しく答えるという。何か仕掛けがあるのではないかということで、当時の有名な心理学者が調査したところ、何のトリックも使っていないという結論となって、本当に計算できる賢い馬としてさらに有名になった。

たとえば、観客の一人がハンスに「一二+九」という問題を出す。すると出題者、飼い主、観客たちの目の前で、ハンスは蹄を叩きはじめ、二一回目を叩いてそこでやめる。正解を答えるのである。それを見た者はみな、「すごい」と言って拍手喝采する。もちろん、飼い主が合図を送っているわけではない。その証拠に飼い主がいなくても、正解を出すことができる。

その謎が解かれたのが、一九〇七年のことである(オスカル・プフングスト『ウマはなぜ「計算」ができたのか』秦和子訳。現代人文社、二〇〇七年)。心理学者のプフングストがあらためて調べたところ、ハンスに問題を出したとき、じつは観客たちは、飼い主も含めて、ハンスに正解を出せるかどうか、その場で固唾を飲んで見守る。そうしてハンスの様子を見守っている人々はみな、「正解」を知っている。そのために、右の問題であれば、ハンスが二一回目を叩いたところで、見ている者がみな無意識に、身体をわずかに動かしてしまう。ハンスは観客たちのその微妙な動きを見て、それを手掛かりに蹄を叩くのを止めていたのである。

わかってしまえば、ごく単純なことである。賢いハンス現象の謎は、じつは、見ている者がみな正解を知っていて、それが無意識裡に身体表現として表れ、事実上、その正解をハンスに教えていたことにある。現に、そこに居合わせた観客たちに「正解」が分からないようにして問題を出すと、ハンスは答えられない。

菅家さんが真実ちゃんの衣服をどこに捨てたかを知らないはずなのに、それを正しく言い当てることができたのは、まさにこの「賢いハンス」効果によるものだったのである。

無実の人が犯人しか知りえない場所を正確に指示できたわけ

実のところを言えば、菅家さんはこの真実ちゃんの衣服の捨てた場所を正しく射当てたという一方で、自白ではその独特の捨て方がまったく説明できていない。真実ちゃんの衣服は、実際はスカートをフードのようにして、そこに半袖下着と左足のサンダル、二枚重ねのパンツを詰め込んだ状態で捨てられていたというのに、菅家さんは半袖下着を含む下着をただスカートで巻いて一つにして捨てたと自白していた。おまけにパンツのなかとスカートのなかにはたくさんの草が詰め込まれていたのに、菅家さんはそのことにまったくふれていない。そのうえで現場引き当たり捜査で、衣服を捨てた位置だけは正しく指示したのである。捨てた位置は「賢いハンス」効果によっておおよそ正しく指示できたとしても、捨て方の具体的なところについては、菅家さんが非体験者である以上、具体的にイメージしようがない。この逆説にこそ意味がある。

真実ちゃんの衣服が捨てられていた場所について、現場引き当たりに立ち会った捜査官たちは、M検事も含めて、みな知っていた。知らないのは、その場に連れてこられた菅家さんだけである。しかし、その菅家さんは犯人として自白してきた以上、ここでも「犯人を演じる」以外にない。一方で、立ち会った捜査官たちは菅家さんを「犯人である」と思い込んでいて、その菅家さんが真実ちゃんの衣服を捨てた場所を正しく指示できるかどうか、固唾を呑んで見守っていた。そういう構図のなかで、正解を知らない菅家さんはまさに「当てずっぽうで」答えるしかないのだが、その様子を見て捜査官たちが正解とは違うところを指示しそうになれば、思わず「そうかな？」という表情になったり、えっと驚く仕草を見せたり、声が出たりする。もちろん捜査官たちは「教えている」つもりはない。しかし、菅家さんはその捜査官たちのことばや表情、仕草を見て、それが「正解」かどうかを感知する。そうして本人からは「当てずっぽう」としか言いようのないかたちで、結果として「正解」にたどりつき、これを見た捜査官たちは菅家さんがやっぱり犯人で、だからこそ正しく指示できたのだと、有罪の心証を確認する。その検証のなかで、まさにこの「賢いハンス」現象が起こったのである。

逆行的構成の極致

思えば、犯人しか知りえない場所を、現場引き当たり捜査で正しく射当てるというのは、まさに逆行的構成の極致である。実際の犯行体験がない無実の人が、自白に落ちて、みずからが犯人として振る舞うほかなくなったとき、そこからその人がやらなければならないことは、取調官たちがその捜査の結果として知っている「事実」に向けて、アンテナを張り、それを射当てることだからである。そこに「賢いハンス」効果が働いていると知らなければ、まさにそれこそは真犯人の証拠であると思い込まされてしまう。じっさい、現場引き当たり捜査で、足利事件と同様に「賢いハンス」効果が働いて、被告人に対する有罪心証を決定づけた事件がある。日野町事件である。

この事件は、一九八四年一二月二九日朝、滋賀県日野町の酒販売店で、店の女主人Hさんがいないことを出勤してきた店員が発見して騒ぎとなり、その後、翌年の一月一八日にHさんの遺体が町内の宅地造成地で見つかったというものである。殺人事件であることは確かだったが、捜査は迷走して、なかなか容疑者が上がってこなかった。そもそも犯行の現場がどこかも、またその犯行がいつのことだったかもはっきりしなかった。

捜査は難航し、紆余曲折のすえ、近所に住む阪原弘《ひろむ》さんが逮捕されたのは、事件から三年余り後のことである。阪原さんは、お酒が好きで、この酒店にしばしば出入りして、量り売りで酒を分けてもらい、店内で飲んでいたという。地元ではそうした客のことを「壺入り客」と呼ぶそうだが、阪原さんもその一人だった。

一九八八年三月九日から任意同行による取調べがはじまり、三日目に阪原さんは自白。いったん自宅に帰されたが、翌日にも自白して、逮捕された。そこから逮捕下での取調べが進み、犯行筋書の内容も具体的に録取されて、それが供述調書として積み上げられ、四月二日に起訴された。

内容は不自然でも「自白した」こと自体が重い
阪原さんが語った自白によれば、事件があったとされる一九八四年一二月二八日の夜八時頃、酒店に行くとHさんが手提げ金庫を横に置いて帳簿をつけていた。そこでお酒を注文して店内で飲んでいるうちに、つい出来心でHさんを殺して金を奪おうと考え、Hさんの背後に回って両手で首を締めつけて殺害。それから自分の軽トラで死体を数キロ離れた宅地造成地に運んで遺棄し、そこからふたたび酒店に戻って手提げ金庫を盗り、翌日の夜明けを待って店を出て、近くの石原山に上り、その山中で手提げ金庫をこじあけて、なかの現金を奪い、金庫はその場に捨てて帰ったのだという。

この阪原さんの自白は、たしかに犯行筋書をそれなりに具体的に語っている。しかし、そこにはいろいろ問題があった。そもそも自白によれば殺害現場は被害者の酒屋の店内だということになっているが、証拠上は何の裏づけもない。殺害の日時は、行方不明になった一二月二八日夜の八時四〇分頃だとされたが、これを裏づける証拠もない。殺害後、自分の軽トラで死体を運んだという自白が取られているが、その自白によれば、幌や何かで死体を隠すことなく荷台に載せ、夜の九時ごろ、この地域でもっとも人通りの多い道路を、荷台をそのままむき出しで走らせたという。おまけに、その経路の途中には警察署があって、その前を通ったことになっていて、およそ現実味に欠ける。

阪原さんの自白は、このようにいろいろ疑問があって、第一審の審理終結段階では、ほかに物的証拠がない以上、通常ならこれで無罪の判決を出さざるをえないように思えた。ところが、その段階になって検察官は訴因を変更し、犯行現場を酒店の店内としていたのを「店内もしくは日野町内あるいはその周辺」に、犯行日時を一二月二八日の夜八時四〇分としていたのを「夜八時から翌朝の八時三〇分」に変えてしまった。当初の起訴状記載の訴因では有罪判決を下せないことを検察自身が認めたようなものであった。ところが、大津地裁は検察官のこの訴因変更を受け入れ、一九九五年六月三〇日、阪原さんの有罪を認めて、無期懲役の判決を下した。それはおよそ異例の事態であった。この第一審判決後になって、検察官の訴因変更は裁判官の示唆によるものだったとの報道が流れて、裁判所はこれにコメントしなかったが、検察官はその報道を認めたという。これが真実ならば、まったく恐ろしいことである。

阪原さんの控訴を受けて行われた大阪高裁の判決では、阪原さんの自白には問題が多いが、「その基本的な根幹部分は十分信用できる」として、一九九七年五月三〇日、弁護側の控訴を退け、最高裁も二〇〇〇年九月二七日に上告を棄却して、無期懲役が確定し、その後の再審請求も棄却されつづけてきた。裁判所は、阪原さんの自白の内容に種々の問題があったとしても、自白したということ自体は重いと見たのである。

有罪心証を決定づけた現場引き当たり捜査

阪原さんの自白は、内容的にあまりに問題が多く、有罪を決定づける物的証拠もなかった。そ

表４　日野町事件　取調べの経過

1984. 12. 28	Ｈさん行方不明
1985. 1. 18	Ｈさんの遺体発見
4. 28	石原山でＨさん宅の金庫発見
9. 17	任意同行で取調べ（否認）
1988. 3. 9	任意同行で取調べ（否認）
3. 10	任意同行で取調べ（否認）
3. 11	任意同行で取調べ（否認から自白して転落）
3. 12	任意同行で取調べ自白→午後８時逮捕
3. 13〜	種々の変遷を含みながら自白が積み上げられていく
3. 21	金庫投棄場所の現場引き当たり
	種々の変遷を含みながら自白が積み上げられていく
3. 29	死体遺棄場所の現場引き当たり
4. 2	本件起訴
	すぐに自白を撤回せず，徐々に否認に転じていく
5. 17	公判開始　第１回公判ではっきりと否認

れにもかかわらず、裁判所が阪原さんに決定的な有罪心証をもった理由は、阪原さんの現場引き当たり捜査の結果だったと考えられる（表４）。

阪原さんが自白内容をおおよそ展開した後、捜査側は阪原さんの自白について、二点の現場引き当たり捜査を行っている。一つ目は、阪原さんの逮捕から九日後の三月二一日に、被害者Ｈさんの酒店から奪われた手提げ金庫の投棄場所について、二つ目は、そこからさらに八日後の三月二九日に、Ｈさんの死体が遺棄されていた場所について行われた。そこで阪原さんはいずれについてもみずから案内して、正確にその場所を指示したという。

このうちの死体の遺棄場所は、町はずれの宅地造成地でさしたる特異性がなく、この場所で死体が発見されたことは報道でも流れ、地域の人たちもよく知っていた。それゆえ、そこを案内できたからといって、真犯人に間違いないとまでは言えない。しかし、手提げ金庫が発見された場所は、ふだんはあまり人が入らない山中で、事件から四カ月後にたまたま山菜採りに入った主婦が見つけたのだという。その場所は、たとえ新聞情報などでそれが「石原山」だと知っていても、あるいは近くに「高圧電線の鉄塔」が立っているということを聞いていたとしても、それだけでは「ここ」というふうにピンポイントで特定して、案内・指示することはむずかしい。その特異な位置を、阪原さんは自分から案内して指示できたというのである。一見すれば、それは実際にその金庫を投棄した者でなければ不可能だと見える。じっさい、この引き当たり捜査に立ち会ったO検事は、これによって阪原さんが犯人だとの確信を得たと法廷証言で述べている。

捜査官たちが予想しなかった経路

第一審判決は、O検事の法廷証言に拠りながら、阪原さんの逮捕以前に、O検事が次のように認識していたと認定している。ここで現場の地図(図9)を参照しながら見てみよう。

昭和六三年三月上旬、警察官らから被告を逮捕したいとの相談を受けたO検事は、その当時の本件の記録を精査すると同時に、Hさん方店舗、死体発見現場及び手提金庫発見現場を事実上訪れて見分したが、その中で、手提金庫発見現場は各現場の中で最も特定が困難であり、犯人でなければ特定できない場所であるとの印象を抱き、被告人が自発的に右場所まで

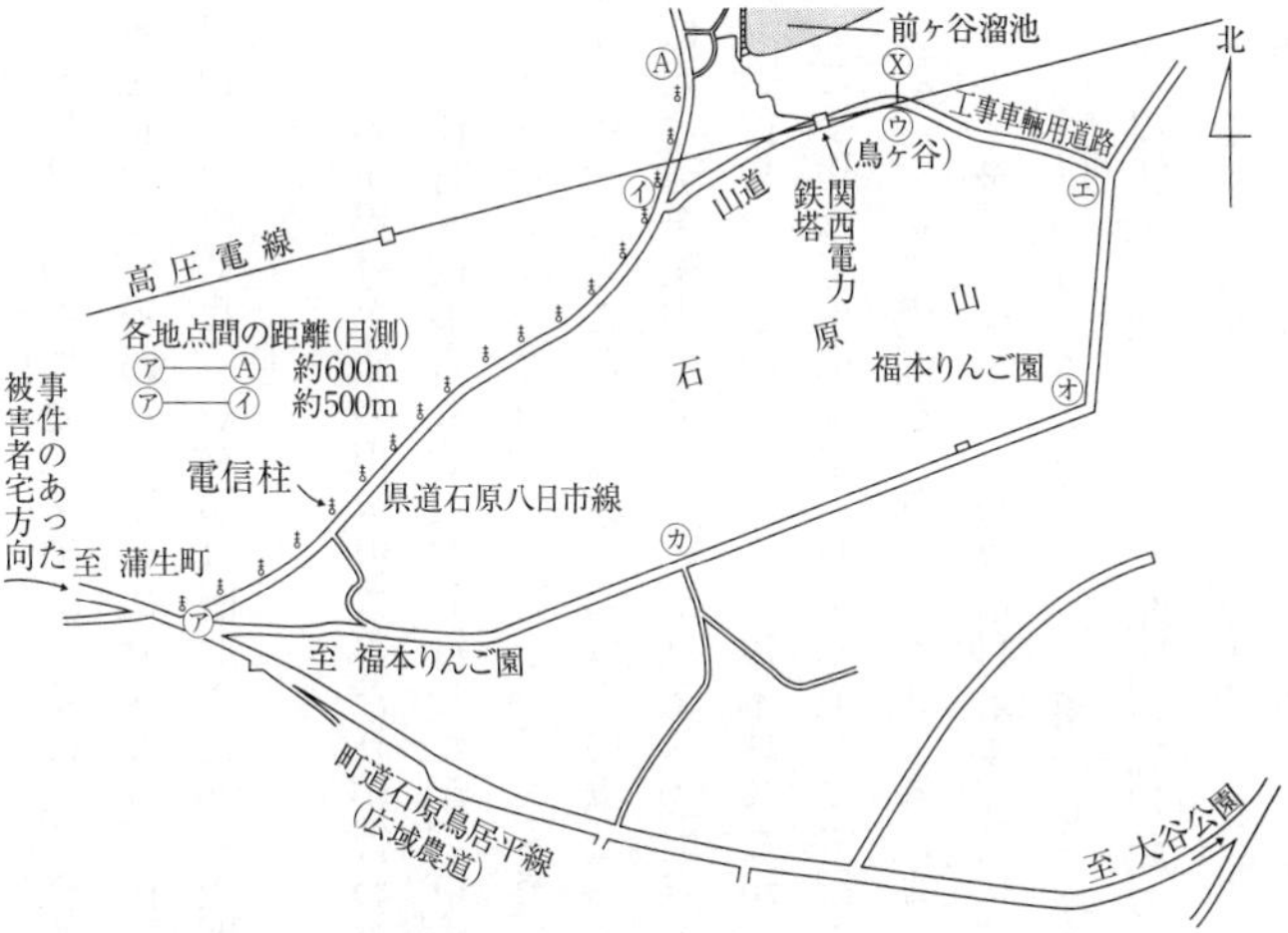

図9　金庫投棄現場の地図（『「自白」はつくられる』より）

案内できるかを注目した（著者注：図9の㋒地点から斜面を下ったⓍ地点）。……（中略）……被告人の逮捕の以前は、警察官らは、手提金庫発見現場に至る経路は二つあると考えており、その一つは福本りんご園経由の経路（著者注：図9の㋐㋕㋔㋓㋒とたどる道）ともう一つは県道石原八日市線（通称野出道）から山林内の踏み分け道を東進する経路であり（著者注：図9の㋑地点から山道に入り、鉄塔の下を通って㋒に至る道）、後者は山林内を徒歩で通る必要があるが、前者は現場近くまで自動車で進入できることから、犯人は前者を通った可能性が高いと考えていた。

ところが、阪原さんが自白後に逮捕され、送検された三月一三日にO検事が取調べを行ったときには、山中で金庫を破壊するに至る経路について、阪原さんは県道石原八日市線の「途中で車を止めて、道路から田のあぜを通り、山に上がったところで金庫を開けた」と予想外の経路を自白したために、O検事は阪原さんが「説明する経路が本当に存在するのかについて不安を抱いた」という。

この手提げ金庫の現場引き当たりが行われたのは三月二一日である。そこにはO検事を含め捜査主任官や取調官ら七人が同行したが、O検事は捜査官たちに「誘導はせず、被告人の前に出ることがないように注意」したという。そうして誘導が働かないよう十分配慮したうえで引き当たりを行ったところ、阪原さんは車に乗せられて、被害者宅から図の㋐地点から県道石原八日市線に入る道を案内して、鉄塔が見えるⒶ地点で車を止め、道路から田のあぜを通り、前ヶ谷溜池の堤へ行き、そこから鉄塔まで雑木林のなか、図に細い線で描いた道なき道を登って鉄塔下に出て、そこからは工事車輌用道路を㋒地点まで行き、金庫の発見場所Ⓧ地点を正確に指示したというのである。その場面を、判決は次のようにまとめている。

被告人は、二一号鉄塔付近まで特に躊躇することはなく、淡々と経路を指示していたが、鉄塔から工事道をしばらく東進した地点(鉄塔から約五九・六メートルの地点)で立ち止まり、周囲を見回してから、北側の急勾配の下り坂を降り、松の木の根元を指示し、「ここで金庫を壊して捨てた」と説明した。

M警部補は、被告人に対し、「本当にここでよいのか。もっと別の場所を見てからでもよいからゆっくり考えなさい」と声をかけたが、被告人の指示した場所は変わらなかった。右場所は、まさに金庫が発見された場所そのものであった。

引き当たりの様子を見ていたO検事は、被告人が本件犯行の犯人に間違いないとの心証を抱いた。

第一審判決は、このように「被告人は誰から教えられたわけでもないのに、金庫発見場所について正しい知識を有していたことが認められる」として、O検事と同様に、ここで強い有罪心証を抱いている。

裁判官の「誘導」観

たしかに阪原さんが、現場引き当たりでまったく何らの誘導もなく、完全に自発的に先導して、金庫発見場所を指示したのであれば、それは本件の犯人性を示す重要な証拠となる。しかし問題は、やはりそこに捜査官らの何らかの「誘導」がなかったかどうかである。この点について、第一審判決は、阪原さんの公判供述を取り上げ、その主張を、次のようにまとめている。

金庫発見現場に行く前日(あるいは当日)に、K刑事が「鉄塔もあるの。池もあるの」と言っていたが、地図など見せてもらったことはない。当日は車中から鉄塔を探し、高圧線が見えたので、適当に車を止めるように指示した。鉄塔を見ながら、見当をつけて畦道や崖を通って上っていった。鉄塔の下に出てから高圧線の下を東に向いて歩いて行くと、道路の左側に雑草がきれいに刈り取られている場所があり、左側にため池が見えたので、そこから斜面を降りて行き、適当な場所を指示した。警察官は、「どっちや。こっちちゃうんけ」等と迷わすような声をかけていた。その警察官は自分の後ろにいたので、顔は見ていない。

この主張で見るかぎり、取調官から石原山の「鉄塔」や「ため池」が見えると言われていたとか、あるいは現場の雑草が刈り取られていたとか、そうしたヒントがあったとしても、捜査側からの積極的な誘導はうかがえない。それゆえ、これが誘導の結果だとするのは「一見して不自然である」と断じて、判決は次のように述べている。

もし、警察官らが、なんとしても被告人が正しい場所を指示するように仕向けたいと考えていたならば、「鉄塔」と「池」などという迂遠なヒントを与えたり、わざわざ金庫発見現場に至る降り口の下草を刈るなどの面倒なことをするまでもなく、見分官が被告人に対して行き先を指示すれば足ることであり、その方がはるかに確実である。

ここには、裁判官の考える「誘導」観がよく表れている。「なんとしても被告人が正しい場所を指示するように仕向けたいと考えていたならば」、「迂遠なヒントを与えたり」せず、直接「指示すれば足る」という。このような露骨な「誘導」は、本件引き当たり捜査にはもちろんなかった。それにもかかわらず、阪原さんは金庫の捨ててあった場所を正確に射当てたのである。

しかし、無実の人の虚偽自白において生じる現実の「誘導」は、そのように単純なものではない。このことに裁判官は気づいていない。裁判官がここで考える「誘導」は、捜査官が「意図して行う誘導」でしかない。しかし、現実の取調べや現場引き当たり捜査で問題になるのは、事実上の「無自覚的な誘導」、つまり先に足利事件の現場引き当たりの例で見た「賢いハンス」効果なのである。

無実の人が正しく現場を指示できたわけ

ここであらためて阪原さんが無実だったとして、その阪原さんの立場に立って見てみよう。

この現場引き当たり捜査にあたって、捜査官たちは問題の金庫投棄場所へ至る道として二つのルートを予想していたが、阪原さんはそのいずれのルートも取らず、まったく予想外の経路をたどって案内したというのだが、阪原さんからすれば、捜査官が予想したというその二つのルートそのものを知らなかった。そのうえで、手提げ金庫の発見された場所は「石原山」で「高圧電線の鉄塔」の近くだということを取調べの場で聞いて知っている。これを手がかりに考えれば、第三のルートの方がむしろ自然に出てくる。

「石原山」の麓には広い舗装道路が走っていて、この道路は阪原さんがしばしば軽トラに乗って通る道でよく知っている。現場引き当たりに臨んだ阪原さんは、車に乗せられて、まずこの道路の「鉄塔」の見える位置まで行ったところで車を降りる。そうして、そこから「鉄塔」を目指して道なき道を進み、灌木を縫って鉄塔まで登る。道を知らない阪原さんが、取調べのなかで聞いた「石原山」の「高圧電線の鉄塔」の近くだということを手がかりに現場に向かうとすれば、おのずとこのような行き方になる。

そして、鉄塔にたどりついた後は、そこに通る工事用の車道をさらに数十メートル歩いて、その道から脇の斜面を下りたところが「正解」である。直接的には誰もそれを教えてくれないが、しかし立会い捜査官たちはその「正解」を知っている。捜査官たちが誘導にならないようにということで阪原さんの後ろからついてくるようにしていたとしても、現場での検証であるからポイント、ポイントで写真も撮影しなければならないし、そのとき捜査官が阪原さんの前に立つこともある。また、確認のために阪原さんを取り巻くようなこともあったはずである。そもそも「正解」を知らない阪原さんからすれば、どちらの方向が「前」なのかもわからないし、「当てずっぽう」で捜査官の様子や表情をうかがいながら進むしかない。そうしたなかで「正解」を知っている捜査官たちが、阪原さんの一挙手一投足を見つめ、「正解」にたどりつくだろうかと見守っている。一方、「犯人を演じる」しかない阪原さんは、なんとかその「正解」にたどりつかなければならない立場にある。この構図のなかにはまってしまえば、捜査官たちは自分が「正解」を教えているつもりがなくとも、事実上、無実の人を「正解」に導いてしまう。私たちはその怖しい現実を、足利事件の菅家さんが真実ちゃんの衣服投棄場所を当てた例からすでに知っている。

O検事は法廷証言のなかで、阪原さんが石原山の麓から茂みのなかに足を踏み入れ、鉄塔に向かって登っていく後を追いながら、「こんな道なき道をたどって行けるものだろうか」といぶかしく思った。そして阪原さんは見事に投棄された金庫の発見場所にたどりついて、そこをピンポイントで指示したとき、阪原さんがこの事件の真犯人だと確信したという。

たしかに、これが「賢いハンス」効果によるものである可能性を知らなければ、これこそまさに「秘密の暴露」に準ずるものであるように見える。そして、裁判官たちもまた「賢いハンス」効果というものがあることを知らなかった。「誘導」として「意図的な誘導」しか思い描けなかったがために、その種の「意図的な誘導」なく正確な場所を指示できたことを、有罪の決定的証拠であると見てしまった。

因みに、金庫の投棄現場の引き当たり捜査が行われた八日後には、Hさんの死体が遺棄されていた場所について引き当たり捜査が行われ、先に述べたように、ここでも阪原さんはみずから案内して、正確にその場所を指示したというのだが、こちらは金庫投棄場所ほどの特異性がなく、「賢いハンス」効果がさらに容易に起こりえる状況があって、この正確な案内・指示をもって有罪の証拠とすることはできない。

阪原さんが現場引き当たり捜査で金庫投棄場所を正しく指示できたことを、裁判所はまるで秘密の暴露であるかのように見なし、有罪の決定的証拠とした。しかし、「賢いハンス」効果を考えれば、正確な合致は無実の人でも十分にありうる。

これを順行的な犯行の流れと言えるか

ただ、ここまでの話は「賢いハンス」効果が働いた可能性を指摘しただけである。次に問題とすべきは、被害者の死体遺棄の場所、手提げ金庫投棄の場所が、いずれも現場引き当たり捜査で正確に指摘できたとして、そこで語った阪原さんの自白が、はたして順行的な犯行の流れとして理解できるかどうかである。

この事件では、被害者の死体が日野町内の宅地造成地で発見され、殺害現場にあった手提げ金庫がこじ開けられた状態で石原山の鉄塔の近くに捨てられていた。この二つは、事件の結果として明らかになった事後の「事実」である。阪原さんが真犯人ならば、自白した以上、これを自分の順行的な行動の結果として説明できなければならない。しかし、そこに展開された自白内容はおよそ順行的には理解しがたい。

阪原さんの自白では、酒店の店内でHさんを殺害した後、まず死体を宅地造成地まで捨てに行ったということになっている。死体がそこで発見された以上、阪原さんの自白でも、そうならざるをえない。では、阪原さんが真犯人だとして、そこで語られた死体遺棄の行動は、順行的な行動として理解できるだろうか。

そもそも阪原さんの自白によるかぎり、殺害現場は誰にも目撃されていない。それどころか事件の夜に現場である酒店に入っているところを目撃されてもいない。そうだとすれば、Ｈさんを殺害し金庫を奪ってしまえば、ただちにその場から立ち去るのが当然の筋というべきだろう。この状況下で、人に見つかる危険を冒して、わざわざ死体を現場から持ち出し、自分の軽トラに乗せ、幌もかけず、街の中心を、しかも警察署の前を通って、遠くまで運ばなければならない順行的な理由はない。

現場は住宅街のなかにあって、時間帯はまだ夜の九時だから、酒店の前の道に人が通っている可能性がある。酒店から死体を抱えて店の外に出るというだけでも、見つからないかという不安を抱かざるをえない。その不安を乗り越えてまで死体を遠くに捨てに行かなければならない順行的な理由がまったく見えない。ただ、自白した以上は、結果として死体が遠くに遺棄されていた事後の「事実」を説明しないわけにはいかない。その逆行的な理由で、死体遺棄の行動が語られたという以外にない。

石原山の山中で金庫を開ける順行的理由はない

また、手提げ金庫の投棄行動の自白にも、その逆行的構成の痕が、はっきりと刻まれている。阪原さんの自白によれば、Hさんの死体を捨てに行った後、ふたたび殺害現場の酒店に戻ってきたという。これもまた真犯人の順行的行動としては理解しがたいのだが、結果として現場にあった手提げ金庫が持ち出され、それが後に石原山の山中で発見された以上、そのことを説明しないわけにはいかない。自白によれば、現場のその酒店にまで戻り、金庫を見つけて、開けようとしたが開かず、その場で壊せば音がするので、近くの山に登って、その山中で金庫を開けてなかの金を盗ろうと思い、そこで夜明けまでそこで待ったという。しかし、この理由を順行的に理解できるだろうか。

そもそも金庫をその場で壊して金を奪えないのであれば、金庫を持ってとにかく殺害現場を立ち去り、どこか人のいないところに持っていって開ければいいはずである。犯行現場で朝まで待たなければならない理由も、金庫を開ける場所が石原山でなければならない理由も、順行的に見るかぎり、まったくない。それに、阪原さんはその山のことをよく知っていたわけではない。そうして見れば、このような奇妙な犯行筋書が出てきたのは、金庫が石原山の山中から発見されたという事後の「事実」を逆行的に説明しようとしたからというほかかない。

夜明け前の暗闇のなかで石原山に登れば

この逆行的構成の極めつきは、現場引き当たりが行われた翌日の取調べで、金庫をこじ開けるべく石原山に登る場面について、前日の引き当たりの状況を思い起こしながら、次のように自白しているところである。

（石原山の麓まで行って）私は車を停め、すぐ、助手席の下にある工具袋から、ホイルのクリップ抜き1本を取り出し、道路を少し西の方にさがり、金庫を持ち、田のあぜを通って、山の中に入りました。

これは前日の現場引き当たりでの阪原さんが行った行動の通りである。しかし、現場引き当たりは昼間の明るいところで行われているが、上記の場面は夜が明ける前の、まだ暗い時間帯である。もしこの自白通りであれば、阪原さんの前には石原山の山影が黒々と見え、その手前に田畑が広がっている。ここで、もし阪原さんが金庫を奪った真犯人で、この自白通りの行動をとったとすれば、彼はその金庫を下げて軽トラを降り、暗闇のなか、あぜ道を横切り、真っ暗な山の中に入って行ったということになる。

殺人まで犯して奪った金庫である。その金庫を開けてなかの金を奪いたいと思うのは当然としても、その金庫を山の中で開けなければならない理由はどこにもない。人に見つからない場所であれば、どこで開けてもいい。まして阪原さんは自分の軽トラで移動しているのである。どこか人のいないところまで行って、軽トラのなかで金庫を開けたとしても、もちろん人に見つかる可能性はないし、怪しまれることもない。むしろ、自白で言うように、まだ夜が明けきらない暗闇のなか、広い道路に軽トラを停めて、山の中に入って行こうとすれば、その方が、もし見つかってしまえば、よほど怪しい。

金庫の投棄場所の現場引き当たり捜査は、明るい昼間に行われ、これに立ち会ったO検事は予想しないルートをたどって金庫投棄現場に行き着いた阪原さんを見て、その有罪心証を強めたと言うが、もしこの自白の通りに、夜明け前の時間帯に、暗闇のなかでその経路に同行し、暗闇のなかで犯行再現をさせていたならば、どう見てもこれはおかしいと気づいたはずである。それはまさに順行的にはありえない犯行筋書だからである。

昼間に行われた現場引き当たりでは、阪原さんは「石原山」の「高圧電線の鉄塔」を目指して道なき道を登っていくことができたし、そこからは立ち会った捜査官の表情や仕草を見ながら道をたどり、雑草が刈られた現場を見つけて、そこから道を下に降りれば、そこが投棄現場だった。事件の後に残された事後の「事実」から逆にたどって、この経路が言わば逆行的に「発見」された。しかし、夜明け前に石原山の麓に立って見れば、その真っ暗な山を登って行こうとするこの経路が、人の順行的行動としていかに奇妙であるかが、ただちにわかる。

そうして見れば、阪原さんのこの自白は、問題の金庫が石原山の山中から発見されたという事後の「事実」から逆行的に組み立てられたものでしかない。つまり、これ自体が想像の産物であって、むしろ阪原さんの無実を示す証拠なのである。

7　犯行の「計画」を事後につくる——名張事件

名張事件の自白から死刑確定まで

逆行的構成ということでとりわけ問題になるのは、計画的な犯罪についての自白である。なにしろ「計画」は「いま」の現状認識から、順行的な時間の流れのなかで「次」を見通して組まれるものであって、その時間的な順行性がもっとも端的に表れる行動だからである。そこで、その一つの典型事例として、最後に名張毒ぶどう酒事件における自白の問題を取り上げて検討する。

名張事件が起こったのは、一九六一年三月二八日の夜。三重県と奈良県の県境にある山間の小さな村で、村人たちの集会が行われ、その後の懇親会で男性には清酒、女性にはぶどう酒がふるまわれ、ぶどう酒を飲んだ一七人の女性のうち五人が死亡した。ぶどう酒に茶畑の消毒に使われる農薬が混入されていたのである。ぶどう酒の製造過程に問題はなく、これが人為による計画的な犯行だったことは否定できない。その後、この事件は「名張毒ぶどう酒事件」と呼ばれることになる。

この事件で犯人として疑われた奥西勝さんは、問題のぶどう酒を会場まで運んだ人物であり、事件直後から容疑の線上にあがっていた。それに奥西さんは、この事件で妻を失い、同時に事件まで愛人関係にあった女性をも失っていて、この三角関係が事件の背景にあったのではないかとの噂が村中に広がっていた。ただ、この三角関係の事実は村人たちの多くが知っていたし、奥西さんもそれをことさら秘密にしているわけではなかった。

奥西さんは事件後、亡くなった妻の葬儀を行い、その喪の悲哀を抱えながら連日の取調べを受け、ひょっとしてその妻がこの事件をやったのかもしれないという猜疑心に駆られるなか、取調官の執拗な追及に耐えられず、取調べ開始から五日目の四月二日から三日にかけての深夜に自白に落ち、逮捕された。

その日から三週間ほど、奥西さんは自白内容を具体的に語り、詳細な犯行筋書が調書に記録されている。ただ、取調べの最終段階で当の自白内容の辻褄が合わなくなって、四月二一日にはいったんこれを撤回し、直後にまた自白して、翌二四日以降は一貫して否認を通すことになる。決定的と言える証拠がないなか、検察は、村人たちの供述など、さまざまな状況証拠を積み上げるかたちで奥西さんを起訴した。

第一審の津地裁は、一九六四年に奥西さんの自白には不合理、不自然なところがあるとして、その信用性を否定し、同年に無罪判決を下し、奥西さんは釈放された。ところが、検察の控訴によって、第二審の名古屋高裁は、一九六九年に第一審とまったく同じ証拠でもって、今度は自白の信用性を認め、逆転死刑の判決を下して、奥西さんはふたたび拘置所に収監された。そうして後に死刑判決が最高裁で確定する。この名張事件は一審無罪から逆転死刑となった戦後唯一の事件である。

奥西さんは、それ以来、獄中から無実を訴えつづけてきた。そして、再審請求を繰り返すなか、二〇〇五年には名古屋高裁でいったん再審開始の決定を得たが、検察側の異議申立によって、翌二〇〇六年に再びこれが取り消され、その後も再審請求を訴えつづけながら、奥西さんは二〇一五年、医療刑務所において八九歳で病没した。彼の死後、再審請求は高齢の妹さんに引き継がれている。

自白に落ちた直後の記者会見

冤罪を主張してきた奥西さんにとってネックとなったのは、自白転落直後に警察がお膳立てした記者会見で、事件を自白し、謝罪したという事実である。その経緯(表5)を簡単に見ておこう。

奥西さんは、事件翌日の三月二九日から五日間、連日、任意同行下で取調べを受け、四月二日の夜遅く自白に落ち、未明にかけて、最初の自白調書が四月二日付警察調書として録取され、翌三日の午前三時過ぎに逮捕された。そうして奥西さんが留置場に収監されたのは、夜明け前の四

表5　名張事件　取調べの経過

1961. 3. 28	名張事件発生　妻ら5人が死亡
3. 29	自宅での事情聴取
3. 30	取調べ6時間　その後に妻の葬儀
3. 31	朝から夜遅くまで取調べ
4. 1	朝から夜遅くまで取調べ
4. 2	朝から夜遅くまで取調べ　夜10時過ぎ自白
4. 3	自白調書作成後，午前3時過ぎ逮捕→留置場で2時間ほど寝て7時起床．8時から取調べ．12時に取調官付添いのもと記者会見
	その後の自白では種々の変遷を含みながら，自白内容が積み上げられていく
4. 23	いったん否認し，ふたたび自白に転じ，最終の自白調書を録取
4. 24	否認に転じる　起訴

時五〇分だったという。奥西さんはそこから二時間あまり横になっただけで、午前七時に起こされ、八時には取調室に引き出されて、さらに犯行内容の自白を求められている。

一方、警察は早朝に、新聞記者たちに奥西さんが自白したと発表し、午前の取調べの後、午後一二時に、奥西さんを記者会見の場に引き出し、取調官付き添いのもとで自白させ、謝罪させたのである。逮捕後の被疑者に対して捜査側が記者会見をさせるなど、いまでは考えられないことだが、この記者の前での自白・謝罪によって、世間の人は奥西さんが本件の犯人だと強く信じることになる。そこでの奥西さんが発言は次のようなものだった。

大きな事件を、自分のちょっとした気持ちからこんな大きな事件を起こして……。あの、亡くなられた人やそれから入院されている方になんと、また家族の皆さんになんとお詫び申し上げてよいのやら、また世間の皆さんにもこんなに騒がしたことをなんとお詫びしてよいのかわかりません。……

この記者会見の様子は一般にも広く報道された。これを外から見れば、奥西さんはまさにこの事件の真犯人と思えてしまう。じっさい、第七次再審請求での再審開始決定を取り消した名古屋高裁決定(二〇〇六年決定)は、これに触れて「これらは迫真性に富む発言であり、取調官ではない者に対しての発言という意味でも、信用性判断において、重要な事実と思われる」と判断している。

しかし、奥西さんはこのとき、妻を失った悲哀に重ねて、厳しい取調べを受けている。もしそのなかで、いくら言っても聞いてくれない無力感と絶望感にさらされて自白したのだとすれば、直前まで当の自白の場にいた取調官に付き添われて、記者会見に臨んだとき、はたしてそこで否認することができただろうか。無実の人の虚偽自白は、ただ単に取調官から言わされるものではなく、自白してしまった以上はみずから「犯人を演じる」以外にない、そうした心境の下で語られる。そうだとすれば、その自白の直後に、記者会見を求められて、その場で謝罪したからと言って、これを真実の自白だと断定することはできない。

ぶどう酒に農薬を入れようという「計画」

ここで問題にしたいのは、自白転落後に奥西さんが本件の「計画と準備」について語った自白内容である。先の名古屋高裁の二〇〇六年決定は、奥西さんの最初の自白調書である四月二日付警察調書をわざわざ末尾に添付している。判決や決定に自白調書を添付するというのは異例のことで、裁判所はそれだけこの自白調書を重視したことがうかがわれる。しかし、これが真犯人の自白だとすれば、そこには捜査側がそれまで把握していなかった新しい事実が語り出されていてしかるべきだが、そうした「秘密の暴露」にあたる自白内容は皆無である。それどころか、事件の客観的状況に照らしてみたとき、辻褄が合わず、その後の取調べで訂正せざるをえない供述がいくつも出てくる。

　名張事件は、ぶどう酒の入った一升瓶に誰かが農薬を入れて、女性たちを殺したという事件である。当然、計画的な犯行であるから、これを自白したとなると、犯行動機とともに、その犯行の計画・準備が具体的に語られなければならない。奥西さんは、三月二八日に村の集まりが予定されていたので、その前日に次のように計画を立てたと自白している。

> （この村の集まりの）機会に何とかして妻を殺してやろうと考えたのでありますが、考えて見ると、この様な事になったのは、自分も悪く、また相手のA子も悪いと考え出したので、もう、皆が嫌になり、昨年八月頃名張市〇〇薬局において買い受けたニッカリンを使って、婦人用ぶどう酒の中に入れて殺そうと考えたのであります。私がこの様な事を計画したのは三月二七日仕事から帰ってからであります（傍点は筆者による）。

三角関係で喧嘩をして妻が嫌になって殺すというのは、一応ありうることかもしれないが、この事件では、同時に相手のA子を殺し、合わせて懇親会に同席した他の三人の女性たちをも無差別的に殺す結果となっている。ここに供述されているような動機でこの事件を説明できるかどうかは相当に疑問である。ただ、その点はおくとして、問題は事件前日の三月二七日に「ニッカリンを使って、婦人用ぶどう酒の中に入れて殺そうと考えた」という部分である。

事後の「事実」から逆行的に考えられた「計画」

事件では、女性会員用に用意されたぶどう酒に農薬のニッカリンが混入されていて（じつは農薬が「ニッカリン」であったかどうかに問題があって、その点が再審では争われている）、それを飲んだ妻と愛人を含む五人が亡くなった。この事後の「事実」からさかのぼって犯行筋書を考えれば、事件前日にニッカリンを「婦人用ぶどう酒の中に入れて殺そうと考え」、犯行を計画したというのは、当然の筋書で、一見もっともらしく見える。しかし、そう見えるのは、あらかじめ事後の「事実」を知って、それを前提に考えているからにすぎない。

当たり前のことだが、体験過程を事の順序通りにたどって言えば、「計画」「準備」の段階には結果となる「事実」がまだ見えない。じっさい、村の集まりの後に行われた懇親会で女性会員用にぶどう酒が振る舞われたのは「事実」としてその通りだが、そのぶどう酒に農薬を入れようと計画するためには、少なくともその計画の時点で、奥西さんは翌日の懇親会で女性会員用にぶどう酒が出ることを知っていなければならない。ところが、その日の懇親会を準備してきた人たちによれば、この年は集会用の予算が不十分で、ぶどう酒を出すかどうかは未定のまま、決定は会長のNさんに委ねられ、Nさんがぶどう酒を出すと決めたのは事件当日だったのである。つまり、前日の段階では集会にぶどう酒が出ることは決まっていなかった。そうなると、奥西さんの自白した「計画」自体が前提を欠くことになって、辻褄が合わない。

四月三日未明に最初の自白調書でこのような自白が取られて後、取調官の側もこのことに気づいたようで、その後の自白では「ぶどう酒」ではなく「皆が飲む酒」に農薬を入れようとしたという話になり、さらにそこから種々の修正が加えられていく。そうして最終的に検察がまとめた公訴事実では「二、三年前からの恒例として、そのあと引き続いて懇親会が催されて一同酒食を共にし、女子会員達にも男子側の酒とは別に、ぶどう酒が出ることになって居り、仮にそれが出されないでもその代用として砂糖入り燗酒が出されるものと予想されたので、この懇親会の機会を利用し……」となる。この自白内容に到達するまでに二転三転、一〇日あまりかかった。おまけに代用に「砂糖入り燗酒」を出すなどというのは奇妙だし、この地域でそうしたお酒の飲み方があったわけでもない。

真に犯行を体験した真犯人ならば、「計画」時点での認識があって、その認識にもとづいて

「計画」が組まれ、「準備」が行われ、それによって具体的な状況のなかで犯行が「実行」され、それが犯行結果として事後の「事実」となる。体験の流れは、このように時間の順に沿って「順行的」に展開する。しかし、無実の人が自白に落ちて犯行筋書を語るときは、犯行の結果たる事後の「事実」がまず与えられている。そのうえで、それを自分がやったとすればと考えて、そこからそれまでの「計画」や「準備」、そして「犯行」の流れを「逆行的」に構成するしかない。奥西さんが語った自白は、まさにそのような「逆行的構成」によるものだった可能性が高い。

「計画」の実行の語りで露呈する「無計画」ぶり

問題はこれだけでない。検察側の公訴事実の言うように、女性会員が懇親会で飲むぶどう酒、あるいはそれに代わる燗酒に農薬を入れようと考えたとして、それはまだ「着想」のレベルの話であって、犯行の「具体的な計画」ではない。真の犯行者ならば、その農薬をいつ、どこで、どのようにして入れるかを考えなければならない。ところが、奥西さんは、当初、ニッカリンを「婦人用ぶどう酒の中に入れて殺そうと考え」たという以上のことを何も語っていない。

事件当日、奥西さんは仕事を終えて自宅に帰り、集会の準備をしていた隣家のN宅へ行き、そこから会場（「蔵福寺」と呼ばれていた地区の公民館）に出向いたときのことを次のように述べている。これは否認の段階から変わらず、また多くの人たちが確認している「事実」である。

（家で着替えして）南隣のNさんの家に行ったのが午後五時半頃、（会場へ）お茶を沸かしに行こうかと言いますと、K子さんや私の妻等が、そこにぶどう酒や酒が置いてあるから寺へ持って行ってくれ、と申しますので、そうかと返事をして入り口近くに置いてあった酒を、一本を左小脇に、一本を左手に、ぶどう酒を右手に持って出ようとしますと、この時T子さんが柴を持って会場へ出掛けて行くところでしたので、二人で一緒に私の家の前を通って近くのMさんの家の辺りまで来た時、すぐ後ろからやって来たF子さんが追いついたので、女二人は話をしながら歩き出したので、私は先に歩いて会場である蔵福寺の玄関から上に上がったのであります。

奥西さんのこの行動は、Nさん宅にいたK子や会場に一緒に出掛けたT子、途中でT子と合流したF子も確認している。それゆえ、もし奥西さんが犯人であったとすれば、会場へ行くこの場面で、ニッカリンを目立たないかたちで持参し、それを誰にも見られない場所でぶどう酒の瓶に混入しなければならない。

しかし、奥西さんがN宅に立ち寄ったとき、その入り口にぶどう酒の瓶が一本と清酒の瓶が二本置いてあって、それを会場に持って行くように頼まれたのは、奥西さんにとって、たまたまの「偶然」にすぎない。そもそも奥西さんはこの事件当日、ぶどう酒を誰がいつどこで購入し、いつどこに運んで、最終的にこれを誰が会場に持って行くことになるのかを知る立場にはなかった。

そうだとすれば、奥西さんが犯人で前日にニッカリンを「婦人用ぶどう酒の中に入れて殺そうと考え」て、その準備をしたとして、いったいそのニッカリンをいつどこで入れる計画だったのか。もちろん、最終的には会場にぶどう酒ないしそれに代わる飲み物が持ち込まれるはずであるから、その場でニッカリンを入れることは、それ自体、物理的には可能だが、小さな公民館分館の会場に三〇人以上もの人たちが参加する集会で、人に気づかれずに犯行を行うこと自体、ほとんど不可能である。早めに会場に行ったとしても、そこにぶどう酒などがいつ運び込まれるかはわからないし、当然、そこには会場準備の女性たちが出入りしている。そういう場で、ぶどう酒の瓶の蓋を開け、そこに農薬を入れて、ふたたび蓋をして、元通りにするという細工を、誰にも見られずにできるとは思えない。

少なくとも犯人ならば、そのあたりのことが気にならないはずはなく、その点を念頭において「計画」を立てなければならない。ところが、奥西さんの自白を見るかぎり、実際の体験者ならではのそうした「計画」性がうかがえない。自白上は「計画」があったかのように語りながら、順行的にはまったく「無計画」でしかない。

奥西さんは、会場に行く前にN宅に立ち寄ったとき、たまたま入り口に酒とぶどう酒が置いてあって、それを会場に運ぶよう頼まれた。奥西さんの自白では、そのぶどう酒にニッカリンを入れることに決めたということになるのだが、それは目の前に与えられたこの「偶然」を、後から犯行の流れのなかに組み込んで、「計画」であるかのように語ったにすぎない。じっさい、もし偶然にそこでぶどう酒を見つけることができなければ、いったいどのようにするつもりだったのかが意識されていない。それではおよそ順行的な意味での「計画」とは言えない。

劇薬を竹筒に入れて運ぶという不自然

それだけではない。ニッカリンの持ち運び方にも深刻な問題がある。

奥西さんの自白によれば、事件前夜に、奥西さんは自宅で女竹を切って竹筒を作り、一〇〇cc入りの瓶からニッカリンをそこに移し入れて、事件当日にそれを会場に持って行き、ぶどう酒の瓶に入れたという。これはきわめて特異な犯行態様であり、もしこの自白が客観的証拠で裏づけられれば、「秘密の暴露」にもなりうる。現に、二〇〇六年決定はそのように認定している。しかし、この自白が語る犯行態様は、人の行動として現実にありうるものかどうか。それが問題である。

奥西さんが前夜に準備したニッカリン入りの竹筒というのは、自白によれば「直径二センチ位」の女竹を「節を残して長さ六センチ位に切り」、そこにニッカリンをうつし入れて、「新聞紙で作った栓を押し込」んだものである。その準備作業を、家族に知られないように、夜になってから屋外の薄暗いところでやったというのだが、それ自体が危険な行為で、裁判ではニッカリンをこぼすことなくそうした作業ができるかどうかが問題となった。

しかも、奥西さんの自白では、犯行の日にこの竹筒を「上衣のポケットに忍ばせて」会場に行ったのだというのである。そのような竹筒をポケットに入れ、一升瓶を三本も抱えて会場まで行ったとすれば、竹筒が傾いてニッカリンが新聞紙の栓から漏れ出ることを恐れないわけにはいかない。ニッカリンは、わずかな量を飲んで五人もの人が死ぬような劇薬である。奥西さんのその後の自白では、前夜に竹筒に移し入れるときには「手に付いたら危ない」と思って、「ナイロンの手袋を出してきて、これを手にはめて」やったという話になっている。そのような危険な農薬を竹筒に入れ新聞紙で栓をしただけで、それをポケットに入れて持ち歩くなど、順行的な「計画」として現実的にありうるとは思えない。

裁判では、薄暗いところでニッカリンをこぼさずに竹筒に入れることができるかどうか、またそれをジャンパーのポケットに入れてこぼさずに運べるかどうかが問題となって、確定判決は再現実験の結果、それを不可能ではないと認定した。しかし、問題は実際にそのようにやったとき、結果としてそれが可能かどうかだけではない。むしろ、事の順序に即して順行的に考えて、いまからニッカリンで犯行に臨もうとしている人がいたとして、この危険な毒物を竹筒に入れ新聞紙で栓をしただけの状態でポケットに入れて持っていくというような、見るからに危険な「計画」を立てるかどうかである。たとえば、もし塩酸や硫酸を運ばなければならないとすれば、密閉した容器に入れて、絶対にこぼれない工夫をするはずだが、それをいまにも浸み出してしまいそうな容器に入れて運ぶようなものである。順行的に見たとき、それはありえないと言わなければならない。

このような奇妙な犯行筋書が出てきたのは、おそらく、事件後の捜査で奥西さんの周辺からニッカリンの瓶が見つからなかった「事実」、犯行現場と目された会場の囲炉裏の灰の中から竹の燃え殻のようなものが出てきた「事実」によると考えられる(その後の鑑定で、この燃え殻からはニッカリンを燃やしたときに出るはずの成分が検出されず、事件との関連は証明されていない)。取調官が、自白に落ちて「犯人を演じる」しかなくなった奥西さんに対して、この捜査情報をもとに追及したとき、奥西さんがその「事実」を犯行筋書に組み込んで逆行的に構成した。そう見ることでしか、この奇妙な自白は理解できない。

奥西さんが語った犯行の「計画と準備」は、順行的に見て、およそありえないもので、そこには事件後に残された事後の「事実」から逆にたどって物語を作り出すという「逆行的構成」の痕跡がはっきり残っている。私はそのことを詳細に論じる鑑定書を裁判所に提出したのだが、裁判所はこの心理学的な供述分析にまったく理解を示すことなく、この議論を無視しつづけてきた。そうして、奥西さんは八九歳で獄死。その後、高齢の実妹が再審請求を引き継いできたものの、なお再審の門が開かれる気配はない。

第四章　自白の撤回——自白を弁明するとき

「有罪方向へと導く強力な磁場」にさらされて自白に落ち、自白内容を展開してきた無実の人たちにも、やがてその磁場から解放されて、あらためて無実を主張しはじめるときがくる。それはいつか。一般のイメージでは、厳しい取調べで自白したのならば、その取調べから解放されたそのとき、自白は撤回されるはずだと思われている。しかし、じっさいのところ、事はそう単純でない。取調べが終わり、起訴されて被告人の身分になったからといって、そこでただちに自分の無実を主張できるわけではない。

被告人という立場は、法の建前では、原告の検察官と対等な当事者で、無実ならば無実だと堂々と主張してよいはずだが、有罪率が九九%を超えるわが国の刑事裁判では、被告人であるということは、事実上、犯人であるということに等しい。少なくともその可能性がきわめて高いものと、世間では思われている。取調べの場に渦巻く磁場からは解放されても、世間になお同じ磁場が渦巻いているとすれば、それに逆らって無実を主張するのは容易でない。無実の人が自白を撤回するのにも、じつは相応の勇気がいる。そのことを多くの人は知らない。

そして、自白を撤回して無実を主張しはじめると、そこでふたたび、「それなら、なぜ取調べで自白したのか」と問われる。無実の人はこれにどのように答えるのか。もちろん拷問があってそれで自白したというのなら、誰にでも理解されるかもしれない。しかし、そうした不法な取調べを受けたとはっきり指摘できないケースの方が一般的である。では、そのとき自白をどのように弁明するのか。その弁明のことばにもまた、じつは、無実者ならではの徴表が現れる。最後に検討するのはこの問題である。

1　自白の維持からその撤回まで

真犯人の登場で無実が証明された氷見事件

無実の人が、取調べの強力な磁場にさらされ、あきらめて自白し、裁判でも無実を主張することなく、実刑判決を受けて、そのまま服役した事例がある。氷見事件はその一例である。

富山県氷見市で二〇〇二年一月一四日に一八歳の少女が自宅で強姦され、同年三月一三日に一六歳の少女が同じく自宅で強姦されそうになる事件が起こった。二人の少女の供述によって似顔絵が作成され、これに酷似しているとして、市内でタクシー運転手をしていた柳原浩さんが任意同行を求められ、取調べが繰り返されるなか、やがて自白に落ち、逮捕された。しかし、犯行事実を十分に語れず、具体的な内容のある自白調書が出来上がるまでに一〇日間を要している。それればかりでなく、現場に残されていた靴底痕が柳原さんの足のサイズと合わないとか、犯行時間帯に柳原さんが自宅から電話をかけていた履歴が残っていたとか、無実方向の証拠がいくつもあった。その経緯から見て、柳原さんの自白が虚偽である可能性は濃厚だったが、捜査側はその可能性をいっさい封じ込んで、被害者の目撃と本人の自白だけで起訴に踏み切った。

起訴後、裁判で柳原さんは否認せず、自白を維持して、結局、懲役三年の実刑判決を受け、二年あまり服役した後、二〇〇五年一月一三日に出所した。ところが、二〇〇六年八月一日に鳥取県で氷見市の事件と同じ手口の強姦事件で犯人が逮捕され、その余罪追及のなかで、翌年の一月一七日、氷見市の二つの事件も自分がやったと自白し、再度捜査した結果、その自白が真実であることが裏づけられた。真犯人の登場によって柳原さんの無実が証明されたのである。これを受けて、富山地検が再審を請求し、二〇〇七年一〇月一〇日、富山地裁が柳原さんに再審無罪の判決を言い渡した。

では、どうして柳原さんはやってもいない強姦・強姦未遂事件を自白し、その後の裁判でもそれを撤回せず、実刑判決を甘んじて受けたのか。それは、端的に言って、柳原さんを虚偽自白へと導いた取調べの場の強力な磁場が、起訴後の裁判でもなお同様の力でもって彼の周囲を取り囲みつづけたからにほかならない。

柳原さんが任意の取調べで自白に落ちて起訴に至るまで、取調官たちは柳原さんを「犯人と思い込み」、柳原さんはその思い込みに合わせるかたちで「犯人を演じる」以外になかった。そこに生まれた奇妙な人間関係を、私は「自白的関係」と呼んできたが、それが起訴後にただちに断たれるわけではない。柳原さんは、第一回公判を迎えて罪状認否を求められたとき、傍聴席に当の取調官が来ているかもしれないと恐れていた。

それだけではない。法廷で被告人席に座ったとき、弁護人は有罪を前提に、情状弁護に徹して、柳原さんに謝罪と反省を求めるばかりであったし、その背後で親族には被害者への弁償を勧めていた。現に証言台に立った兄は、被害者に対して弁償し、謝罪したと、柳原さんの目の前で証言している。そうして見ると、柳原さんにとっては、自分のことを無実かもしれないと思って見てくれる味方が誰もいない、そう思うほかなかった。有罪方向へ傾く磁場は、取調べの場から公判廷にまで連綿とつづいていたのである。そこで自分の無実を主張する勇気をもてなかったからと言って、彼を責めるわけにはいかない。

第一審法廷で結審まで自白を維持した足利事件

足利事件の菅家さんもまた、第一章で見たように、起訴後の公判で長期間にわたって自白を維持した。裁判でついた弁護人は、当時はじまったばかりのＤＮＡ鑑定の証拠能力に疑問を呈していたものの、任意同行下の一日の取調べで自白に落ちた状況等から、別件二件はともかく、真実ちゃん事件は間違いなく菅家さんがやったものと思い込み、無実の可能性を考えなかった。そのため菅家さんは弁護人に対しても自白し、無実を訴えることはなかった。

家族は足利市内に住んでいて、第一回公判が開かれる前に、菅家さんは家族のことが心配で手紙を出している。ところが、誰も返事はくれないし、面会にも来てくれない。家族の側でも、自分の身内がマスコミで大きく騒がれるような大事件の犯人として捕まって、しかも本人がその事件を認めて自白したと聞かされていて、無実の可能性を考える余地はなかった。取材を求めてマスコミが押し寄せるなかで、家族もまたひっそりと身をひそめて暮らすしかなかったのだろう。おかげで菅家さんからすれば、自分のことを無実かもしれないと思ってくれる人が、身の回りに誰一人としていない状態で、文字通りの孤立無援だった。

そうしたなかで第一回公判を迎えた菅家さんは、法廷に入るときチラッと傍聴席を見た。それは家族を探したわけではなく、自分の取調べを担当した「おっかない刑事たちが来ているんじゃないかと、心配になっ」たからである。じっさいに来ていたかどうかは確認できなかったが「何か都合の悪いことを言えば怒られるかもしれないと、ビクビクしながら席に着きました」という

(『冤罪』朝日新聞社による)。それればかりではない。検事席には自分の取調べを行ったM検事が立会い検事として座っていた。菅家さんは次のように書いている。

法廷には、自分を取り調べたM検事も来ていました。M検事はおっかない刑事たちとグルだから、何か面白くないことを言えば、すぐにチクるだろうと思っていました。たくさんの人の前に立たされて緊張もしていたので、あそこで自分が何を話したかは、よく覚えていません。ただ、いろいろと質問されるままに「ハイ」、「ハイ」とうなずいていたのを覚えています。

当時の自分は、おそらく相手が誰であっても、犯行について「ほんとうはやってないんじゃないの?」と聞いてもらえれば、「やってません」と答えられたのではないかと思います。でも、警察で自白してしまったあとはずっと、誰もが「やったんだね?」と確かめるように聞いてきたので、「ハイ」とうなずくしかありませんでした。裁判官に対しても、「やってない」と言えば「反省してない」と怒られるのではないかと心配していました。

菅家さんは、裁判になってもなお、「有罪方向へと導く強力な磁場」にさらされた気分でいたし、捜査段階の取調官たちとの「自白的関係」から抜け出すことができないでいたのである。

菅家さんの一時的な自白撤回

菅家さんがその自白をきっぱりと撤回して無実を自分から主張するようになったのは、第一回公判から一年四カ月あまりが経過した第一〇回公判でのことである。ただ、それまでの間に二回、ごく一時的に無実を口にしたことがある。

最初に無実を口にしたのは、第五回公判後に精神鑑定の期間があって、その後にM検事が別件二件を起訴しない方向で確認するために拘置所を訪れたときである。そのときの取調べ録音テープが再審段階になって開示され、公判廷では自白を維持しながら、そこで一時的に否認していたことが明らかになった。

先に見たように、本件の真実ちゃん事件で起訴される前日に、菅家さんは別件二件についても自白に落ちた。ただ、この別件については確たる物的証拠がなく、自白もまた具体性を欠いていて、検察官として有罪心証を取れなかったらしい。そこで、この二件は最終的に不起訴にする方向で事は進められていくことになるのだが、その前段階としてM検事は、真実ちゃん事件の公判がはじまって一〇カ月後の一九九二年一二月七日に、別件二件について確認の取調べを行ったのである。ところが、菅家さんはそこで、別件のみならず、真実ちゃん事件をも否認してしまう。その場面が録音テープに収録されていた。

M検事は、このとき菅家さんに出会ったのは久しぶりで、最初にこんなふうに聞いている。

「いま裁判になっているのは真実ちゃんの事件」で、「その前に、万弥ちゃんの事件と有美ちゃんの事件があった」わけだけれども、菅家さんはこれらの事件についても警察で「私がやりました」と認めて、調書に取られている。それで「本当に君がやったのか、もう一回確かめたくてね、来た」、「今日はもう自由な気持ちで話してもらいたい」というのである。

M検事のつもりとしては、公判中の真実ちゃん事件は当然菅家さんがやった前提で、あとの二件は違うかもしれないので確認したいということだったのだが、その話を聞いた菅家さんは三つの事件をきちんと区別せず、そのためにM検事の意図を誤解して、以下の通り、三つの事件をすべて否認してしまう。

M検事　本当にやったのなら、本当にやったということで構わない。やっていないんだったら、やっていないということで構わない。どちらでもいいんだけども。

菅家　（沈黙）本当を言うと。

M検事　うん。

菅家　いいですか。

M検事　いいよ。

菅家　やってません。

M検事　やっていないの？　どちらも？　それとも片方だけ？

菅家　どちらもです。

Ｍ検事　どっちもやっていない。

菅家　はい。

菅家さんが「どちらもやっていない」という、その「どちらも」は、Ｍ検事が意識していた万弥ちゃんの事件と有美ちゃんの事件の二つだけでなく、そこには裁判中の真実ちゃんの事件も含んでいる。じっさい、上記のやりとりの後に、菅家さんは真実ちゃん事件で任意同行を求められたとき「何か何だか分からなかった」という話を、自分の方から積極的に語りはじめる。

Ｍ検事は、そこのところで菅家さんの誤解を質すことなく、言うがままに聞いて、しばらくしてようやく「三つの事件があるんだけど、……君がどの事件に関わっていて、どの事件に関わっていないか」と確認する。しかし、そこで菅家さんは「全然関わっていません」とはっきり答えている。

第二章で見たように、虚偽自白を引き起こしてしまう最大の要因は、取調官が被疑者を犯人と思い込んで、その「証拠なき確信」でもって執拗に迫ることにある。逆に、取調官が無実の可能性を念頭において調べれば、虚偽自白の危険性は小さくなる。ここで菅家さんは、担当のＭ検事に久しぶりに出会って、誤解とはいえ、「やっていないんだったら、やっていないということで構わない」とやさしく言われて、それまでの自白を撤回したのである。

翌日の再度の自白転落

しかし、M検事にとって、別件二件はともかくとして、すでに裁判が行われている真実ちゃん事件についてまで自白を撤回されたのではまずい。M検事はそう思ったはずである。翌日の一二月八日、再度拘置所を訪れて取調べを行い、前日の否認を取り上げて「君からちょっと変なことを聞いたんでね、今日来たんだけども」と言って、菅家さんに対して「今、起訴している、ね、真実ちゃんの事件。あれは、君がやったことに間違いないんじゃないかな？」と追及をはじめ、菅家さんは最初これに「違います」と否認する。しかし、M検事は、前日のように菅家さんの言うがままにはまかせない。

M検事は、ここであらためて決定的証拠と目されていたDNA鑑定の結果を持ち出して、「君と同じ精液を持っている人が何人いると思ってんの？」と追及し、さらには現場引き当たり捜査に立ち会ったとき、被害女児の衣服を捨てた場所を正しく指示できたことを持ち出して、「今まではね、認めてたのがね、なんで最近になって急に否定する気持ちになったの？」「僕はずるくなれと言ったわけじゃないんだよ？」と問い詰めている。

M検事は、このように自分が有罪心証を抱いた根拠を突きつけ、執拗に追及して、結局、上記の場面からしばらくして、菅家さんはこらえきれず泣き出し、「ごめんなさい。勘弁してくださいよお」と言って、ふたたび自白に戻る。菅家さんにとっては、確信をもって迫るＭ検事に対決して、自分の無実を主張することがやはりむずかしかったのである。

公判中の二度目の自白撤回

公判中に菅家さんが二度目の自白撤回をしたのは、一九九二年一二月二二日の第六回公判でのことである。菅家さんは起訴後、拘置所に移管されて、家族に宛てて手紙を書きはじめたが、検閲があることを知っていたこともあって、はっきりと無実だとは言えず、「私はほんとうの所なにもわかりません」「どうか私をしんじてください」と書くのがせいぜいで、はっきり「私はやっていない」「無実です」と書きはじめたのは公判がはじまってからである。その手紙を菅家さんの兄が弁護人に手渡したことで、弁護人が公判で菅家さんに対して、その真意を直接問いただしたのである。そこで菅家さんははじめて「私はやっていません」と声に出して答えた。

ところが、菅家さんの無実を信じることができなかった弁護人は、その直後に菅家さんに接見し、法廷での否認の発言を謝罪して裁判所宛「上申書」を書くように求め、菅家さんは「私が家に出した十四通の手紙は家に心配をかけると思い無実だと書きました。どうかお許しください」という上申書を提出した。そうして翌年一月二八日の第七回公判には、菅家さんはあらためて真実ちゃん事件を認める自白をしている。

この第六回公判での菅家さんの否認、そして第七回法廷での再度の自白は、新聞などで報道された。それを知った足利市内在住のNさんは、ひょっとしてこれは冤罪かもしれないと思いはじめたという。Nさんは、当時、菅家さんと同じく幼稚園のバスの運転手をアルバイトでやっていたこともあって、この事件には関心をもっていたのである。そのNさんが拘置所にいた菅家さんに手紙を書いたのは、第七回公判の直後である。菅家さんにとっては、逮捕後一年以上もの年月が過ぎて、外からもらったはじめての手紙だったという。菅家さんはうれしくてすぐに返事を書いたが、しばらくして、落ち着いて考えてみれば相手は見ず知らずの他人である。Nさんからの次の手紙には「無実なら正直に言ってほしい」と書いてくれていたが、それをそのまま信用してよいかどうか迷ったすえに、二度目の返信では「外部からあまりさわいでほしくない」ので「どうか私をそっとしておいて下さい」と書いて、その後の手紙を断り、Nさんの面会にも応じず、三月九日には差し入れられた現金を送り返している。

菅家さんがはっきりと自白撤回に転じるまで

足利事件の裁判は、一九九三年三月一一日の第八回公判に検察側が論告を行い、無期懲役を求刑、二週間後の第九回公判には弁護側が最終弁論を行って、それでもって結審となり、判決予定日が六月二四日に指定された。菅家さんが自白を撤回し、きっぱりと否認の方向に動きはじめたのは、この結審後のことである。

無期懲役の論告求刑を受けた後、菅家さんはNさんとの関係を断とうとしていたのを思い直して、三月一八日に自分からNさんに手紙を出し、「私はどこまでも頑張ります」「私を見守ってください」「私は一人ぼっちではないですよね」と書いた。そうして菅家さんはNさんの面会を受け、Nさんとのやりとりをつづけて、やがて「自分は無実だ」と裁判所に訴えていく覚悟を固め、あらためて弁護人に申し出て、公判で無実を主張する機会を求めることになったのである。これを受けて、判決予定日だった六月二四日に第一〇回公判が開かれ、菅家さんはそれまでの自白を撤回し、自分は無実だと訴えた。しかし、時すでに遅く、それまでの審理で有罪心証を固めていた裁判所は、二週間後の七月七日、菅家さんに無期懲役の判決を言い渡した。

誰か一人でも自分の無実を信じてくれていれば、なんとか無実を主張することができる。しかし、自分の無実を信じてくれる人が誰一人いないと思ってしまえば、虚偽の自白を撤回するのも容易ではない。無実の人が虚偽自白を法廷でもなお維持してしまう理由はそこにある。

第一審で自白を維持し控訴審ではじめて否認した狭山事件

狭山事件の石川さんも、起訴後、取調べの場から解放されていながら、第一審の公判中は自白を維持して、死刑の判決を受けている。先に見たように、石川さんが自白に落ちて、三人犯行自白を語りはじめたのが一九六三年六月二〇日、三日後の二三日に単独犯行自白になって、その犯行筋書がおおよそ完成し、起訴されたのが七月九日のことである。そして、二カ月後の九月四日に浦和地裁で第一回公判がはじまったが、石川さんはそこで自白を維持して、裁判そのものはわずか六カ月で終結し、翌一九六四年の三月一一日に死刑判決が下された。

その石川さんが法廷で否認したのは、同年九月一〇日に開かれた控訴審第一回公判でのことである。起訴された時点から数えて一年二カ月、石川さんは自白を維持していたことになる。

死刑とか無期懲役という重罰が予想される事件で、無実の人が裁判で虚偽自白を維持することは考えられないと、多くの人は思う。しかし、足利事件の場合、右に見てきたように、菅家さんは起訴から論告・求刑に至るまで、一年六カ月のあいだ、きっぱりと虚偽自白を撤回できずにいた。もし報道で事件に疑問を感じたNさんが菅家さんに手紙を出し面会することがなければ、菅家さんが自白撤回を決意する時期はさらに遅くなった可能性が高い。

その点、狭山事件の石川さんは、公判での自白維持期間の長さで見れば、菅家さんほど長くない。ただ、石川さんが第一審で受けた刑は死刑である。その重みを考えれば、やはり自白の維持は考えられないと思われるかもしれない。しかし、ここで考えなければならないことは、無実の人には予想されるはずの刑罰に現実感をもてないという事実である。

当時の弁護人が控訴審で証言したところによれば、第一審で最終弁論後、判決は死刑かもしれないと伝えたとき、石川さんは「私のほうを見まして、にやりと笑いまして、いいんです、いいんです、と言った」という。弁護人はそのことに「一体どういうことなんだろうと思いまして、大変異様な感じを受けました」と述べている。また、石川さん自身、第一審で死刑判決を下されたときのことを控訴審で質問されて、「別にどういうことでなくて、だから終えてから……死刑といっても大丈夫だねと（言うと）、……みんなが笑ってました」と答えている。真犯人ならばまさに恐怖の判決というべきところ、石川さんはまったく動揺していない。

それにしても石川さんが無実ならばなぜ裁判の場でもなお自白を維持しつづけたのか。死刑の重みをその通りに受け止められなかったというだけでは、その理由を説明できない。控訴審で自白を撤回した石川さんは、この事件の捜査を仕切っていたＨ警視から「自白すれば一〇年で出してやると約束されて自白する気になった」と主張し、Ｈ警視が法廷で証言台に立ったとき、石川さんがみずから尋問者としてそのことを追及している。Ｈ警視はもちろんこれを否定した。ここで注目したいことは、Ｈ警視とのあいだでそうした「約束」がほんとうにあったかどうかはともかく、孤立無援のなか、かたくなに否認する石川さんの気持ちをほぐして自白に導いたのが、石川さんが地元の野球チームでお世話になった関巡査部長であり、そのお膳立てをしたのがＨ警視であったことである。つまり、石川さんはその人間関係で自白に落ちたのである。

自白に落ちる直前の状況を振り返ってみれば、石川さんは殺人容疑での再逮捕にショックを受け、弁護人に対する不信感を募らせていた。そうしたなか関巡査部長に出会ったときは「地獄で仏の顔を見たようになつかしいものとして映った」と、石川さんは手記に書いている(『青木英五郎著作集II』田畑書店、一九八六年、三七七頁)。それは自白に落ちたときばかりではない。起訴後に拘置所に移送された後にも、関巡査部長は捜査段階の検事とともに石川さんを訪問し、単独でも接見し、差し入れを重ねている。それにまたH警視も、起訴後、手紙のやりとりをつづけていたという。石川さんは取調官たちとの人間関係に抱き込まれるようにして自白に転落し、自白内容を展開し、起訴後も取調官たちは、その人間関係を持続させるべく努めていたのである。

取調官たちが被疑者を「犯人として扱い」、被疑者はその取調官たちの前で「犯人として振舞う」、そして弁護人はほとんど蚊帳の外にあって、そこに影響力を及ぼせない。そうした自白的関係が起訴後もつづけば、被告人がそこから抜け出して自白を撤回するのはむずかしい。

その石川さんが、控訴審第一回公判で、突然、みずから発言を求めて、「お手数をかけて申し訳ないが、私はY子さんを殺していない。このことは弁護士にも話していない」と言って否認に転じた。いかに刑罰の現実感が乏しいとしても、じっさいに死刑の判決を受けてのち、留置所で同房者や看守たちに話を聞いているうちに、不安な思いが頭をもたげてきたのであろう。それに、第一審のあいだ、部落問題を闘ってきたある活動家から面会を繰り返し受けて「警視の約束などウソに決まっている」と言われてきたし、何よりその活動家を介して、石川さん自身の実兄から手紙で「ほんとうのことを言ってくれ」と訴えられたことが大きい。自白的関係に風穴を開けることができるのは、やはりその自白的関係に対抗できるだけの信頼できる他者の存在なのである。

起訴後に自白と否認のあいだを揺れた日野町事件

起訴されて取調べの場を離れた後、そのまま自白を維持するのでもなく、あるいはきっぱり否認に転じるのでもなく、自白と否認のあいだで気持ちが揺れるケースがある。日野町事件の阪原さんの場合がそうである。

阪原さんは、第三章で見たように、一九八八年三月九日から三日間の任意同行下の取調べで一一日に自白に落ち、翌一二日に逮捕、そこから四月二日に起訴されるまで、取調官の前では一貫して自白調書が取られている。ただ、その間の弁護人の二回の接見（三月二三日、二六日）では否認していた。そして、起訴直前の勾留理由開示公判（三月三〇日）では、裁判官に対して「これだけ証拠がそろっていたのでは、やっていないとは言えないと思います」と言って、本音では否認したいが、否認したくてもできないという諦めの心境を語り、起訴された四月二日にも弁護人の接見で、この曖昧な言い方を繰り返している。

じつは、起訴当日のこの弁護人接見の様子が録音テープに残されている。そのなかで、弁護人はとくに否認を促す質問を控えて、中立的な質問に徹しているが、それに対して阪原さんは、ところどころで自分は「なにもしてまへんさかい」と繰り返しながら、全体として、もう認めるより仕方がないというトーンで答えている。たとえば、弁護人から「わしは絶対やってへんということは言うたか」と聞かれて、「そこでわしもやったと言うたかぎりは、やっぱり嘘のことでもそのように話を合わしていかんことにはいかんと思うて、ずっとそのように合わしました」などと言う。嘘でも自白して、それが調書に取られてしまった以上、もうそれに合わすほかなかったし、起訴されたいまも、そうしていくしかないというのである。

阪原さんは、本件について「警察からこれだけ証拠があると言われれば」認めざるをえないし、現にもう「調書にもそのようになってます」から、もはやひっくり返すわけにはいかない。ひっくり返せば「またひどい目に遭うたらわしもつらいし」、刑の務めも「一年ですむものが、三年も四年もかかる」。だから、もう「それやったらちょっとでも早よう務めしてスムーズに、……真面目に務めて、……また第一から踏み出そうという決心です」と言うのである。

阪原さんは法廷での本人供述でも、「これだけ証拠があると言われれば認めざるをえない」という趣旨の発言をし、これに対して裁判官からは「もし無実ならば、ほんとうの意味の有罪証拠があるはずはないのだから、そんなふうに言うのはおかしいではないか」と言われている。たしかに、一見は、そう見える。しかし、冤罪事件で無実の人が自白するのは、取調官から有罪の根拠となる証拠を突きつけられ、説明を求められて、いくら抗弁しても認めてもらえず、それで落ちるのである。つまり、第二章でも見たように、「有罪方向へと導く強力な磁場」にさらされて、これに逆らえなくなったとき、無実の人は落ちる。足利事件の菅家さんも、考えてみれば、最初にDNA鑑定の結果を突きつけられたとき、じっさいには無実なのだから、胸を張って堂々とその鑑定は間違っていますと言ってしかるべきところ、そのように反論することはできなかった。「これだけ証拠があると言われれば認めざるをえない」というのは、じつは、無実の人が虚偽自白に落ちるときの偽らざる心境であって、それはまさに「否認できるものならしたいけれど、それができない」ということにほかならない。そう考えれば、阪原さんのここでの語りもまた、これとまったく同じであることがわかる。

このように起訴後、諦めまじりに自白を維持しようとしていた阪原さんが、一カ月半後の五月一七日に開かれた第一回公判で、ようやくそれまでの自白をきっぱりと撤回し、無実を主張した。その背後で弁護人たちの弁護活動があり、何より妻や子どもたちの支えと励ましがあったからである。無実の人がそれまでの虚偽の自白を撤回して、あらためて無実を主張するためには、やはりそれを支えるだけの人間関係の再構築が必要なのである。

取調べで自白していた人が、その取調べから解放されても、すぐには自白を撤回できず、場合によってはなお長期にわたって自白を維持することがある。それはその人がほんとうに犯人で、だけどその後、やはり予想される刑罰が怖くなって、それで否認に転じたのではないかと、一般には思われたりする。その背景には、無実の人がそうそう簡単には虚偽の自白に落ちるはずはないという、実態にはそぐわない安易な前提があるからであろう。

しかし、現実に、無実の人が無実の主張をできるのは、その無実を信じてくれる周囲の人たちの支えあってのことで、その支えなしには、それまでの自白を撤回して無実を主張するのはむずかしい。無実の人が、「有罪方向へと導く強力な磁場」に巻き込まれて自白に落ち、その磁場を作り出す人間関係にはまり込んでしまえば、そこから抜け出すのは容易でないのである。取調べの場から解放されて、なおその虚偽の自白が維持され、簡単に否認に転じられないのは、一見奇妙に見えるが、新たな虚偽自白過程モデルのもとでは、むしろ当然のことである。氷見事件の柳原さんや足利事件の菅家さん、そして狭山事件の石川さんの公判での自白維持は、まさにその例にあたるし、日野町事件の阪原さんが起訴後きっぱりと否認に転じることができず、諦めに似た曖昧な状態にしばらくとどまったのも、無実の人の微妙な気持ちの揺れを示すその一例である。

2　かつての自白をどう弁明するか

「冤罪体験を語っている」のか、「冤罪被害を演じている」のか

捜査段階で自白していた人が、起訴後のどこかの時点でその自白を撤回する。そのとき、今度は周囲から「では、取調べの場でどうして自白をしたのか」、そして「じっさいにやってもいな

い犯行をどのように語ったのか」と問われ、その疑問に対して、弁明しなければならない。その弁明の仕方から、それが無実の人の真の弁明なのか、それとも真犯人の虚偽の弁明なのかを見分けることが求められる。

もし無実の人が虚偽の自白をしたのであれば、それを撤回したときには、その虚偽自白をしてしまった弁明として、みずから受けたその冤罪の体験をそのまま「体験の記憶」通りに正直に話せばよい。

逆に、もし真犯人が真実の自白をしていて、起訴後にこれを撤回して否認したとすれば、弁明を求められたとき、「自分はやっていないのに間違って疑われ、虚偽の自白をしてしまった」と嘘をつかなければならない。つまり、そこからは真犯人が想像で「冤罪被害を演じる」ことになる。嘘をつくというのは、じつは「偽りの自分を演じる」ということで、無実の人が嘘の自白をするのは、無実の自分を偽って「犯人を演じる」ことであるのに対して、真犯人が疑われて嘘の否認をするのは、真犯人である自分を偽って「冤罪者を演じる」ことなのである。

そうだとすれば、真犯人が取調べで自白して、後にこれを撤回し、取調べ段階の自白は虚偽だったと主張し、これを弁明しようとするときには、虚偽自白とはどのようなものかを「想像」して、「冤罪被害を演じる」かたちでこれを語るしかない。しかし、冤罪の体験がない人が、冤罪被害を「想像」で語るのはむずかしい。じっさい、虚偽自白を体験したことがない人が想像でイメージする虚偽自白は、それこそ第一章で見た「従来の虚偽自白モデル」のように、無実の人が暴力に代表される強引な取調べに屈して自白に落ち、そこから取調官の突きつけてくる犯行筋書をひたすら飲み込んで、文字通り「語らされる」というものになる。そうした虚偽自白のイメージしか、一般には流布していないからである。

そう考えれば、取調べの場で自白した人が、それを撤回した後に、みずからの自白過程をどう語ったかを分析することで、それが無実の人が虚偽自白の体験を語っているのか、それとも真犯人がかつての真実の自白を誤魔化して、虚偽自白を想像して語っているだけなのかを判別することができる。

自白に落ちた菅家さんの弁明

足利事件の菅家さんは、再審無罪になって娑婆に帰ってきたとき、自分がどのようにして虚偽の自白に落ち、その自白内容をどのように語ったのかを、自分の体験の記憶によって語った。このことを第二章、第三章で紹介してきたが、その菅家さんの語りはまさに冤罪体験の語りの典型と言ってよい。

自白転落過程について、菅家さんは、いくら自分はやっていないと言っても、取調官は「自分たちにとって都合の悪い話には一切、耳を貸しません」、「「絶対にお前なんだ」と繰り返し、呪文のように言い続けるだけなんです」、そうした取調べが一日中つづいて、「その場をどうにか逃れたくて」、「まったくと言っていいほど先のことは考えていませんでした」し、「死刑への恐れはありませんでした」と言う。このように刑罰に現実感がなく、いくら言っても取調官が聞いてくれない、その無力感で自白に落ちたというのは、まさに虚偽自白を体験した人にしか語れないことで、真犯人が冤罪被害者になったつもりで想像して語る域を超えている。

あるいは自白に落ちた後の自白内容展開過程について、菅家さんは「どんな説明をしようかと、必死に考えていました」とか、「「やった」と言ってしまったからには、辻褄の合う説明をしないといけない、そんな心境になっていました」というように、無実でありながら、犯行内容を自分から一生懸命に考えようとしたという。その語りも、まさに冤罪にかかって虚偽の自白をした体験者ならではのものと言ってよい。ここで、もし真犯人が取調べで真実の自白をしてしまい、その後に、じつは冤罪で、自白は虚偽のものでしかなかったと弁明しようとすれば、自白内容は取調官から強引に押しつけられ、強引に言わされたと弁明するしかない。菅家さんの弁明は、およそそうしたたぐいのものではなかった。

さらには現場引き当たり捜査で、菅家さんが被害女児である真実ちゃんの衣服を捨てた場所を正確に指示できたことも、菅家さんはその場で「全然わかんなかった」のに、「だいたいあのへんだと思いまして」というふうに、まるで当てずっぽうで正しく指示できたかのように弁明する。

そこに「賢いハンス」効果が生じていて、菅家さん自身にもなぜ正しく指示ができたのか、わけがわからなかったのである。その点、もし真犯人が現場引き当たり捜査で正確な案内・指示をしていたとすれば、自白撤回後、その正確な案内・指示ができたのは立会い捜査官の誘導や指示があったからだと、嘘の弁明をする以外にないはずである。この点の菅家さんの弁明は、まさに真逆のもので、このことが菅家さんの無実性を示している。

現場引き当たりで正解を当てた阪原さんの弁明

日野町事件の阪原さんもまた、被害者のHさん宅から奪われた手提げ金庫の投棄場所について、現場引き当たり捜査で正確に案内・指示し、裁判ではこれが有罪心証の決め手になったが、その点についての阪原さんの弁明を分析してみれば、これがおよそ真犯人の弁明とは言いがたいことがあきらかになる。

先にも見たように、この引き当たり捜査に立ち会ったO検事によれば、阪原さんは捜査側が予想したルートではなく、ほとんど道なき道を、目印となる高圧電線の鉄塔まで、みずから先頭になって案内して行ったし、鉄塔から先も立会い捜査官の誘導なしに、問題の投棄場所まで正確にたどって指示した。O検事はこれを見て、真犯人にしかできないことだと確信したと言う。じっさい、真犯人が現場引き当たり捜査で、真に周囲からの誘導なしに、金庫投棄場所を正確に案内・指示できたとすれば、ほとんど「秘密の暴露」と言ってもいいほどの決定的証拠となる。それゆえ、阪原さんが真犯人だったとすれば、裁判になって自白を撤回し、無実を主張するようになったとき、このことが大きなネックになるはずで、それを何とかごまかす弁明を考えなければならない。そして、その弁明として唯一考えられるのは、捜査官たちに「意図的に誘導された」、あるいは正解を「端的に教えられた」ということで、これ以外には考えられない。ところが、阪原さんはそのような弁明をしなかった。注目すべきはこの点である。

阪原さんは、先にも見たように、石原山の麓から鉄塔に、そして鉄塔から金庫投棄場所に行くまでの間、自分が先頭で捜査官たちは後ろをついてきたと、法廷で供述した。それはまさにＯ検事が捜査官に対して「誘導はせず、被告人の前に出ることがないように注意」したと証言したことを裏づけるもので、一見、阪原さんの有罪心証を強めるように見える。しかし、考えてみれば、阪原さんは法廷で否認し、みずからの無実を主張するなかで、現場引き当たりでこの「誘導」がなかったかのように供述したのである。

先の足利事件の菅家さんも、自分はただ「当てずっぽう」でやっただけだと弁解して、「誘導」されたとは一言も言わなかった。阪原さんもそれとまったく同じである。阪原さんは、第二審の法廷で、この現場引き当たり場面について次のように供述している。石原山の鉄塔まで上がった後の場面である。

弁護人　鉄塔のところで辺りを見ておったということですか。
阪原　はい。それで、警察が、どこや、どこや、おい、どこや、こっちちゃうんかい、こっちかい言うもんで、私がふっと振り返ってみましたら、皆が口をつぐんでしもうて、何も言わず、それで、私はまた迷い、どこやろうな、どこやろうなと、その金庫の捨て場所を探すのに、もう必死になっておりました。

阪原さんは、捜査官から指示・誘導があったとは言わず、逆に「私がふっと振り返ってみましたら、皆が口をつぐんでしもうて、何も言わず」、だから自分は迷ってしまい、「もう必死になって」金庫の捨て場所を探したと言うのである。さらに検察官の反対尋問で阪原さんは次のように答えている。

検察官　今、あなたが、金庫を捨てた場所について弁護人から質問されて、案内した状況を説明しましたね。
阪原　はい。
検察官　あなたの説明した状況は、一審の裁判所で話したのとほとんど同じですね。
阪原　そうです。
検察官　どうして金庫を捨てた場所をそんなに一生懸命探さなきゃいけないという気持になったんですか。

阪原　それは、やっぱり、警察が、どこや、どこやって言われたので、やっぱり、警察の言うことを聴かないかんと思うて、一生懸命になりました。
検察官　知らないということを言えば、どうなると思ったわけ。言えなかったんですか。
阪原　そんなもん、私は、根っから全然何も分からしませんので、それでも、やっぱり、警察の言うことは聴かないかんと思うて、一生懸命になって探しました。

阪原さんは、ここでも捜査官からの「誘導」にはいっさい触れず、逆に自分で「一生懸命になって探しました」と言う。真犯人の弁明としてはおよそありえない供述である。

阪原さんが無実でありながら、現場引き当たりで正確に案内・指示できたとすれば、捜査側からの誘導があったからだと考えるのが一般である。じっさい、弁護団は、この現場引き当たりには捜査側の「誘導があったはずだ」と主張した。それにもかかわらず、阪原さんは弁護団の言う「誘導」の主張を受け入れることなく、第一審でも控訴審でも一貫して、自分は「金庫の捨て場所を、もう必死になって探しました」言いつづけたのである。この頑固なまでの弁明の様子を見たとき、これを、真犯人がみずからの有罪を誤魔化して、無実を主張し、「冤罪者を演じている」姿だと理解することはできない。阪原さんはみずからの体験の記憶を頑迷なまでに忠実に語っているのである。

因みに、この現場引き当たり捜査の様子を記録した検証調書には、金庫投棄現場へ行く道、そこから帰ってくる道の順に、阪原さんが案内する姿が写真に撮影されて添付されている。ところが、再審請求審でその添付写真のネガが開示され、それを対照させて見たところ、帰り道で撮影した写真を行き道の場面のものとして貼付する不正があったことが判明した。それによって検証調書上、いかにも阪原さんがつねに先頭に立って、先導して金庫投棄現場に到達したかのような写真配列を偽装したのである。こうした証拠偽装は、もちろん警察捜査のあるべき姿から逸脱していて、許されることではない。ただ、これはおそらく捜査側が最初から意図的に阪原さんを誘導したうえで、写真配列でそれを誤魔化したということではない。もし、最初から意図的に誘導したのであれば、そのことが阪原さんの弁明のなかで語られないはずがないからである。

むしろ捜査側は意図して誘導したつもりはなく、それでも阪原さんはどうにか正解にたどりついた。その背景には先に述べた「賢いハンス」効果が働いていたのだが、捜査官はそのことに気づかなかった。だからこそ、O検事は阪原さんの有罪心証をそこで確認したつもりになった。ただ、引き当たり捜査の結果を検証調書に記録するさい、金庫投棄現場に行く場面に適当な写真がなく、かといって誘導を疑わせるような写真をそのまま載せるわけにはいかず、事後に写真を並べ替えて、写真配列上の工作をしたというのが実態であろう。もちろん、「賢いハンス」効果という事実上の誘導にまったく警戒することなく、逆に捜査の実際を偽装して誤魔化すようなことが許されていいはずはない。

犯行筋書をみずから考えたという石川さんの弁明

無実の人の虚偽自白は、取調官の側の誘導による以外にないとの考え方が、一般には強い。そのためであろう。自白撤回後に法廷で被告人が、捜査段階の自白の犯行筋書を取調官の誘導によってではなく、自分の側から自発的に考えて言ったなどと弁明すると、それだけで自白は自分から語ったのだから真犯人に違いないかのように認定する判決事例が少なくない。しかし、これまで繰り返し述べてきたように、無実の人の虚偽自白は、自分が「犯人になった」つもりで、取調官の追及に沿って考えるものである。それゆえ「自分で考えて自白した」と弁明したところを捉えて、だから真実の自白だなどと認定するのは、あきらかに間違いである。

たとえば、狭山事件の控訴審判決は、死体を芋穴に吊るしておいたという自白について、次のように判示している。

被告人は当審(第二六回)において、弁護人の「どういうことから死体を芋穴に吊るしたということになったのか」との質問に対して、「死体の足に縄が縛ってあったらしいんですね。……中略……その縄について答えられなくて、穴蔵に吊るしたといいました。そうしたら、穴蔵に吊るせば、死んでいても生きていても鼻血が出るわけだから、そんなことはないといわれました。これは何回もいわれたです。だけどほかに縄が入用なところはないので、ただ穴蔵に吊るしたと頑張りました」と答え、また、弁護人の「見せられた縄はかなり長い縄だから、何に使ったのかといろいろきかれて、結局穴蔵に吊るすのに使ったと自分で考え出していったわけか」との質問に対して、「そうです。子供のころ遊んでいて穴蔵があるということは知っていました。それから今思い出しましたが、ビニールが穴蔵に入れてあったと警察がいいました。それで穴蔵に下したといったと思います」と答えており、これをみると、被告人自身取調官から不当な誘導がなされたために、死体を芋穴に隠したと供述せざるを得なかったとはいっていないのである。

じつは、この判示は、弁護人が弁論で「取調官らは捜査の結果判明した関連性のない事実を勝手に結び付けて芋穴に死体を吊り下げたという想定をし、これを被告人に押し付けて自白させた」と論じたことに対する批判として述べたもので、弁護側もまた虚偽の自白は取調官らの誘導や押し付けの結果だとの前提で主張を繰り返してきたようなのだが、その点では、いずれも従来の虚偽自白モデルを前提にしていて、およそ議論の前提を間違えている。

石川さんは死体を芋穴に吊るしたということを言い出したのは自分だと言う。裁判官はだからこの自白は信用できると認定する。しかし、これまで述べてきた虚偽自白過程モデルで言えば、無実の被疑者は自白転落後、取調官の追及に沿いながら、みずからが犯人になったつもりで想像して自白内容を語らざるをえない。この芋穴についても、石川さんは取調官から被害者の死体に残された事後の「事実」を突きつけられて、それを説明できる犯行筋書をあれこれと想像し、自分から死体を芋穴に吊るしたと言い出したのである。

逆に、もし石川さんが真犯人で、じっさいに死体を芋穴に吊るし、そのことを取調べで自分から自白していたとすれば、この自白を撤回して否認に転じ、「冤罪被害を演じる」ことになったとき、これをどのように説明することになるだろうか。無実の人が真実を知っているはずがないのであるから、それは自分が言い出したことではなく、取調官の側から誘導され、押し付けられたのだと言う以外にない。ところが、石川さんはそういう弁明をしていない。裏返して言えば、石川さんはこの自白を自分から言い出したということ自体が、「冤罪被害を演じた」のではなく、みずからの「冤罪体験を語った」ことを示している。

狭山事件の控訴審判決(確定判決)は、無実の人の虚偽自白過程がどのようなものかを知らないために、石川さんの弁明が何を意味するかを完全に読み間違えたのである。じっさい、先にも見たように、開示された取調べ録音テープには、芋穴に吊るしたと言い出した部分は収録されていなかったが、芋穴に吊るした場面のやりとりは相当部分が収録されていて、そこで石川さんと取調官があああでもないこうでもないと言い合っている場面がえんえんと残されている。この録音テープが当時から開示されていれば、この控訴審判決のような判示はできなかったはずである。

「知らない者どうしが一緒に考えた」という袴田さんの弁明

捜査側が事件の真犯人を捕まえて取り調べ、その真犯人が自白したとすれば、そこでの問答は、事件のことを知りたいと思っている取調官(事件の非体験者)が、事件をじっさいにやった被疑者(事件の体験者)から話を聞くというかたちになる。つまり、非体験者が体験者からその体験を聞くという当然の構図である。ところが、無実の人を間違えて捕まえて取り調べ、その無実の人が自白に落ちてしまえば、そこから自白内容を聞き取っていく問答場面は、取調官(事件の非体験者)が、じっさいは無実で事件のことを知らない被疑者(事件の非体験者)を自白に落とし、その被疑者が追及に合わせてまるで犯人であるかのように語っていくのを聞くという奇妙な構図のもとに展開する。つまり、虚偽自白過程というものは、非体験者どうしの問答でしかないのである。

清水事件の袴田さんは、最高裁に向けての上告趣意書で、みずからの体験した自白聴取場面がまさにその奇妙な構図のもとで展開したことを回想して語っている。つまり、そこでの自白は「不法にも本事件の真相を知らない者が無茶苦茶に推測しデッチ上げた」ものであり、あるいは「本件の真相を知らない者が集まって、その者たちの頭の中から生み出された机上の空論」だと言う。ここで「真相を知らない者」というのは、一見、取調官のことを指すように読めるが、じつはその「真相を知らない者」に袴田さん自身も含まれている。

同じ上告趣意書のなかに、じつに興味深い表現がある。この事件で凶器とされたくり小刀は尖端が欠けていて、それは本件犯行によって欠けたと見られていた。ところが自白調書にはその点が触れられていない。このことについて、袴田さんは次のように書いている。

> 問題は、調書を取った調官である彼等と被告人が、本件に於て誰を刺したときに刃物の尖端が欠けたかということを知らなかった、即ち犯人ではない者同士が集まって調書をデッチ上げ虚構した所為で調書の内容に右くり小刀の尖端が、いつどこで欠けたかということの様子が明記されていないのであります。

袴田さんが「犯人ではない者同士が集まって」というところには、自分自身も含まれている。袴田さんから見たとき、自白して犯行筋書が調書に録取されていく場面は、文字通り「犯人ではない者同士が集まって調書をデッチ上げ」る場面だったのである。冤罪体験のない者が自白聴取のこの奇妙な構図を、このように見事に表現できるものであろうか。袴田さんは、無実の人の虚偽自白がこのようなものだということを、自分の体験として知っていたのである。

一見奇妙な弁明が冤罪の体験そのものを語る

取調べで自白していた人が、裁判で否認に転じれば、捜査段階に取られた詳細な自白調書を突きつけられて、無実なのにどうしてそこまで語れたのだと問われる。そのとき、取調官から一方的に「誘導された」とか「押しつけられた」結果だと弁明すれば、まだしもそういうこともあるかと思われやすい。逆に、犯行筋書を一部であれ「自分から考えた」とか、「取調官の追及を受けながら一緒に考えた」と答えると、多くの人は、その弁明は奇妙だと思って、むしろそれを真犯人の自白の証であるかのように誤解してしまう。あるいは、現場引き当たり捜査で正確な案内・指示ができたことを追及されて、「当てずっぽうでやった」とか、「一生懸命やった」とか答えると、多くの人は、これもまた変な言い訳で、そんな変な言い訳しかできないところに有罪の証があるかのように思ってしまう。しかし、多くの人がそのように思ってしまうのは、従来の間違った虚偽自白モデルに囚われているからにほかならない。

本書で展開した新たな虚偽自白過程モデルのもとで見たとき、この奇妙な弁明こそが、冤罪の体験を、その体験の通り、その記憶のまま語ったものであり、それゆえその人の無実性を明かしていることに気づく。

わが国の刑事裁判には、いまもなお多くの冤罪が起こり、その過誤が正されないまま、深刻な不幸が繰り返され、積み重ねられている。そして、その背後には、無実の人の虚偽自白についての圧倒的な無理解がある。

おわりに　冤罪の深い根を断つために

虚偽自白を知らなければ、虚偽自白は見抜けない

取調室で聴取された自白を前にして、その自白が真犯人の真の自白なのか、それとも無実の人の虚偽の自白なのかを判別しようと思えば、虚偽自白がどのようなものなのかを正確に知らなければならない。それは当たり前のことなのだが、これまでの誤判事例を見れば、それを知らないがゆえに判断を誤ったと考えざるをえない例が数知れずある。

自然科学になぞらえて言えば、金という金属が物理化学的にどのようなものか、金によく似た金属にどのようなものがあって、その物理化学的性質が本物の金とどう違うかを正確に知っていなければ、キラキラと黄金色に光る金属を見ただけで、それを本物の金と間違えてしまう。それと同じである。それらの金属の物理化学的性質を正確に把握することが、本物の金とまがい物の金とを正確に区別するための大前提である。同じように、自白の任意性・信用性を正しく判断するためには、虚偽自白がどのような過程を経て無実の人の口から語られるようになるのかを、まずは記述のレベルで正確に押さえておかなければならない。

この単純なことが、わが国の刑事裁判においては、いまなお大きな課題でありつづけている。

じっさい、裁判員裁判がはじまって、その対象事件については、取調べの録音・録画が義務づけられ、結果として、自白が真か偽かを判断するための材料が、これまでよりもはるかに大量に、またその場を忠実に再現したかたちで判断者の前に提示されるようになった。しかし、その判断者たちが、虚偽自白は被疑者が取調官に強引に押しつけられて、いやいや「語らされる」ものだという旧来のイメージを払拭できないままに、録音・録画によって自白転落後の取調べ場面からごく一部を切り取って見せられたときには、被疑者が身ぶり手ぶりを加え、一見「自発的」に自分から犯行内容を語っているかのような姿を見ただけで、まるでキラキラ光る金属を、ただキラキラ光っているというだけで金だと判断してしまうのと同じように、その直感的な印象でそれを真犯人の真の自白だと思ってしまう。

「危ない裁判」がつづくのを防ぐために

そうした懸念を感じさせられる事件が後を絶たない。つい最近も、死刑求刑の重大事件の裁判員裁判で、死刑の判決が下されたというニュースが流れた。この事件では、被告人は無実を主張している。そして被告人が犯人だということを直接証明する証拠はなく、状況証拠を積み上げるかたちで有罪立証がなされた。結果として最大の争点となったのは被告人の自白である。とりわけ被告人が逮捕前後に、取調べの場で犯行を認めた様子を収録した録音・録画について、その任意性・信用性が問題となった。

裁判所が被告人の自白を信用できるとした理由を、新聞では次のように報じている(『朝日新聞』二〇一八年三月二三日朝刊)。

(判決は状況証拠から)「被告が犯人である高度の嫌疑が認められる」と述べた。

そのうえで、法廷で流された取り調べでの自白が信用できるかを検討。「警察官の高圧的な態度や厳しく問いただす場面は見られなかった」「供述は身ぶり手ぶりを交えた自発的なもので、現場の客観的状況と一致する」などとして信用性を認めた。

この事件の場合、逮捕前後の自白の様子を録音・録画で見たと言っても、実のところ、被告人はそれ以前に繰り返し何日にもわたって任意同行下の取調べを受けている。その後の自白過程から切り取った録音・録画の一場面を見て、「身ぶり手ぶりを交え」「自発的」に自白していたというだけで真犯人だと判断することがいかに危険かは、ここで繰り返すまでもない。

私自身はこの裁判に関与していないので詳細はわからない。しかし、裁判官や裁判員たちが旧来型の素朴な虚偽自白のイメージによって、被告人の自白を虚偽自白でないと判断したことはおそらく間違いない。もし虚偽自白の現実がそのようなものではなく、本書で詳論してきたような虚偽自白過程をたどるものだと知って、これを検討していれば、はたして同じ判断を下すことができたかどうか。

虚偽自白と言えば、いまだに取調官によってただ強引に「言わされる」ものだというイメージで考えている人が少なくない。そうした安易な見方にこそ、じつは冤罪の根がある。その根は、素朴だが深い。この過ちの根を断つために、私たちはなお、具体的な事例を通して分析作業を重ね、議論を重ねていかなければならない。

供述心理鑑定を評価した決定

幸い、いま、刑事裁判に心理学者が関与する事例が少しずつ増えている。法実務の世界で、心理学者の供述鑑定を事実認定のツールとして活用しようとする人たちが、弁護士を中心に広がっているし、裁判官のなかにもこれを評価する人たちが出はじめている。たとえば、大崎事件で再審開始決定を下した鹿児島地裁の裁判官は、第一章でも見たように、心理学的な供述評価は「供述そのものの科学的な分析」であって、その分析の成果は裁判員とともに供述の信用性評価を評議する際の「共通の土台やツールの一つ」となりうると認定した。きわめてまっとうな評価だが、ただ、これに対して検察側は、その即時抗告において、心理学的供述評価を「科学的」と言ってよいかと反論し、即時抗告審の裁判官も検察側のこの反論を認めた。

たしかに自然科学のような「科学」をイメージして、それをのみ「科学」というのなら、供述心理学は「科学」ではないかもしれない。また心理学者のなかにも、脳生理学などとの連携の下に自然科学的なイメージで心理学を構築しようとする人がいるが、少なくとも供述心理学はその種の自然科学的な「科学」を目指そうとするものではない。しかし、人間現象について合理的な判断を促し、それを支える「科学」であろうとしていることに変わりはない。

これまで刑事裁判の事実認定において科学鑑定が求められるとき、そのほとんどは物的証拠についての自然科学的な鑑定であった。それに対して、自白は人間の「ことば」による証拠であって、いわゆる自然科学的な方法でアプローチできる範囲は限られている。じっさい、私が本書で展開してきたような議論は、自然科学的な鑑定とはおよそ質を異にする。しかし、「科学的な方法」は、もちろん自然科学の領域に限られたものでなく、人間科学の領域にも及ばなければならない。そして、心理学はまさに人間の現象に対して科学的にアプローチするべく発展してきた科学である。たしかに「心理学」を名乗りながら、およそ科学とは言えない内容を含む「似非心理学」もあって、これには警戒する必要がある。しかし、だからと言って、まっとうに「科学」たろうと努めてきた心理学を排除してよいわけはない。

供述心理学はどのような「科学」か

自然科学は人間の主観を離れ、「客観的な視点」に立って、自然の現象の「法則性」を見出し、自然の現象を「説明」し、その将来を「予測」する科学を目指す。それに対して、供述の心理学は、供述者がある脈絡のなかでなした供述を、その当人の「渦中の視点」から「理解」し、そこに人間の現象としての「了解性」を求めようとする科学である。それゆえ、ある人が次にどのような供述をするかといった将来の予測にはおのずと限界があるが、少なくとも起こってしまった過去の出来事について、人が何を、なぜ、どのようにして語ったかを理解するうえで、重要な知見を提供することができる。

そして、この両者を「科学」という共通の名で呼べるのは、それが単なる決めつけや思いつきでなく、現象について可能な仮説を立てて、その仮説検証によって結論を導き出すというその基本的な枠組にある。自白について言えば、ある人が過去の事件についてある脈絡のなかで語った自白過程を対象に、有罪仮説と無実仮説の二つを対照させ、その過程を記録した文字データないし録音・録画データを用いて、これを検証しようとする。つまり、その自白過程は問題の犯行を実際に体験した者が語ったものなのか(有罪仮説)、それともそれを体験していない者が取調官と協働して想像で語ったものなのか(無実仮説)、その両者を正確に判別することを課題とする。

わが国の刑事捜査では、自白過程を記録したデータが、文字データ、録音・録画データを合わせて、膨大な量に及ぶ。それだけ大量のデータを用いて、検証すべき仮説は有罪か無実かのいずれか、つまり二者択一である。これを判別するのは、自然科学が多様な自然現象を説明し予測しようとするのに比べれば、はるかに容易なはずである。問題は、自白の供述について、その体験者性と非体験者性を判別する指標を的確に取り出せるかどうかである。たとえば、本書で繰り返し指摘した「秘密の暴露」があれば、それは供述の体験者性を示す。逆に「無知の暴露」や「逆行的構成」があれば、それは供述の非体験者性を示す。それを導き出す理路を正確に追うことさえできれば、確実に正しい結論にたどりつくことができる。その意味で、この判別方法を「科学的」と言って、なんらさしつかえないはずである。

自白についての無実仮説の検証

刑事裁判は、本来、検察側の有罪立証が尽くされているかどうかを軸において審理され、その立証に「合理的な疑い」があるときに無罪の判決が下される。これは被告・弁護側に無実の証明を求めないという意味で大事な法の理念である。しかし、この審理の片面的な検証の構図が、その理念とは裏腹に、無罪判決を出すことをむずかしくする結果になっていないだろうか。

ここに有罪仮説対無実仮説という対比を持ち込んで言い換えれば、「有罪立証が尽くされているかどうか」という部分は有罪仮説の検証であり、その立証に「「合理的な疑い」があるかどうか」という部分は無実仮説の検証だということになろうが、ここで「合理的な疑い」の有無の判断が甘くなってしまえば、無実仮説の検証は形骸化して、簡単に有罪仮説に傾いてしまう危険性がある。自白の判断について言えば、その任意性・信用性判断でもって、自白を有罪証拠として採用できるかどうかという観点でのみ検討がなされて、逆に自白に変遷や矛盾、欠落や不自然が含まれていることが指摘されても、多少のことでは「合理的な疑い」とまで判断されず、真犯人の自白でも「人間の心にかかわることだからいろいろありうる」として言い繕われてしまう。これでは、事実上、無実の人の虚偽自白かもしれないという仮説を正面から立てての検証がなされたとは言えない。

じっさい、本書で繰り返し述べてきたように、無実の人が虚偽自白を語るとき、その語りのなかには、おのずと事件のことを「体験者として知らない」という痕跡が刻まれる。私はそうした視点に立って、たとえば清水事件の第一次再審請求時の鑑定では、「自白が無実を証明する」と論じた。それは私にとっては論理的な結論であった。ところが、最高裁はその特別抗告審の決定のなかで、私のこの議論の理路をたどることなく、結論部分だけを取り出して「論理に飛躍があるというほかはない」と論難している。それがなおわが国の刑事裁判の現実である。

この現実を前にしたとき、本書で示した供述分析が法実務の世界に浸透し、虚偽自白を読み解くための重要な手法と認められていくには、まだまだ時間が必要かもしれない。しかし、いずれはその道が大きく開かれていくはずだと、私は楽観している。

あとがき

　脱稿後、本書で取り上げた二つの再審事件について、裁判所からまったくあい反する決定が下された。一つは清水事件。四年前に再審開始を決定し、同時に袴田さんの身柄を解いた静岡地裁の画期的な判断に対して、検察側が即時抗告していたが、これを受けた東京高裁が六月一一日、先の再審開始決定を取り消すとの決定を下した。幸い、死刑囚である袴田さんの身柄をふたたび収監するには至らなかったものの、再審を開始するか否かの判断は最高裁にゆだねられ、さらに先延ばしされることになった。

　もう一つは日野町事件。再審請求に賭けていた阪原さんが無期懲役囚のまま病没し、遺族が引き継いで提起した第二次再審請求に対して、大津地裁が七月一一日、これを認めて再審開始の決定を下した。無期懲役囚に対して死後に再審が認められたのはこれが初めてだという。ただ、これについても検察側が即時抗告を行ったために、舞台は大阪高裁に移って、再審が実際にいつ開始されるかは見えない。

　私が提出していた鑑定書に対する判断も、二つの裁判所でまったく対照的であった。日野町事件の再審開始決定は、供述心理鑑定に表向き言及していないが、確定判決で決め手となっていた現場引き当たり結果について「賢いハンス」効果が働いたことを事実上認める内容で、虚偽自白過程を正確に認識した判断が示されていた。一方の清水事件の再審開始取り消し決定は、私の供述心理鑑定を一応取り上げながら、実質は検察側の反論を鵜呑みにして揚げ足取りをしているだけで、およそ鑑定書全文を読み通しているとは思えない内容だった。

刑事訴訟法の大家であった平野龍一氏が「わが国の刑事裁判はかなり絶望的である」と言ってから、すでに三〇年以上が経過する。その間にさまざまな司法制度改革が行われてきたが、「絶望的」な状況はなお大きく変わっていない。問題の根は深く、多少の改革ではその根を掘り崩すことはできないように思える。しかし、だからと言って、私たちは簡単に絶望するわけにいかない。

ここで一七年前の前著『自白の心理学』で引いた広津和郎氏のことばをふたたび思い起こしておきたい。「忍耐強く、執念深く、みだりに悲観もせず、楽観もせず」。

本書の執筆については、足利事件弁護団の佐藤博史弁護士、名張事件弁護団の小林修弁護士、狭山事件弁護団事務局の安田聡さん、袴田事件弁護団の元弁護人田中薫さん、日野町事件弁護団の石側亮太弁護士に校閲いただき、合わせて必要な資料の提供をいただいた。これまでの弁護活動に敬意を表すると同時に、ご協力に感謝したい。また、新書編集部の島村典行さんには編集上でさまざまなご助言をいただいたこと、ここにあらためて謝意を表したい。

二〇一八年七月二一日

浜田寿美男

浜田寿美男

1947年 香川県に生まれる
1976年 京都大学大学院文学研究科博士課程修了
現在 ― 奈良女子大学名誉教授・立命館大学客員教授
専攻 ― 発達心理学および法心理学
著書 ―『「私」とは何か』(講談社選書メチエ)
『自白の心理学』(岩波新書)
『自白の研究』(北大路書房)
『自白が無実を証明する』(北大路書房)
『子ども学序説』(岩波書店)
『〈子どもという自然〉と出会う』(ミネルヴァ書房)
『もうひとつの「帝銀事件」』(講談社選書メチエ)
『名張毒ぶどう酒事件　自白の罠を解く』(岩波書店) ほか

虚偽自白を読み解く　　岩波新書(新赤版)1733

2018年8月21日　第1刷発行

著　者　浜田寿美男《はまだすみお》

発行者　岡本　厚

発行所　株式会社 岩波書店
〒101-8002 東京都千代田区一ツ橋 2-5-5
案内 03-5210-4000　営業部 03-5210-4111
http://www.iwanami.co.jp/

新書編集部 03-5210-4054
http://www.iwanamishinsho.com/

印刷・理想社　カバー・半七印刷　製本・中永製本

ISBN 978-4-00-431733-3　　Printed in Japan

岩波新書新赤版一〇〇〇点に際して

ひとつの時代が終わったと言われて久しい。だが、その先にいかなる時代を展望するのか、私たちはその輪郭すら描きえていない。二〇世紀から持ち越した課題の多くは、未だ解決の緒を見つけることのできないままであり、二一世紀が新たに招きよせた問題も少なくない。グローバル資本主義の浸透、憎悪の連鎖、暴力の応酬――世界は混沌として深い不安の只中にある。

現代社会においては変化が常態となり、速さと新しさに絶対的な価値が与えられた。消費社会の深化と情報技術の革命は、種々の境界を無くし、人々の生活やコミュニケーションの様式を根底から変容させてきた。ライフスタイルは多様化し、一面では個人の生き方をそれぞれが選びとる時代が始まっている。同時に、新たな格差が生まれ、様々な次元での亀裂や分断が深まっている。社会や歴史に対する意識が揺らぎ、普遍的な理念に対する根本的な懐疑や、現実を変えることへの無力感がひそかに根を張りつつある。そして生きることに誰もが困難を覚える時代が到来している。

しかし、日常生活のそれぞれの場で、自由と民主主義を獲得し実践することを通じて、私たち自身がそうした閉塞を乗り超え、希望の時代の幕開けを告げてゆくことは不可能ではあるまい。そのために、いま求められていること――それは、個と個の間で開かれた対話を積み重ねながら、人間らしく生きることの条件について一人ひとりが粘り強く思考することではないか。その営みの糧となるものが、教養に外ならないと私たちは考える。歴史とは何か、よく生きるとはいかなることか、世界そして人間はどこへ向かうべきなのか――こうした根源的な問いとの格闘が、文化と知の厚みを作り出し、個人と社会を支える基盤としての教養となった。まさにそのような教養への道案内こそ、岩波新書が創刊以来、追求してきたことである。

岩波新書は、日中戦争下の一九三八年一一月に赤版として創刊された。創刊の辞は、道義の精神に則らない日本の行動を憂慮し、批判的精神と良心的行動の欠如を戒めつつ、現代人の現代的教養を刊行の目的とする、と謳っている。以後、青版、黄版、新赤版と装いを改めながら、合計二五〇〇点余りを世に問うてきた。そして、いままた新赤版が一〇〇〇点を迎えたのを機に、人間の理性と良心への信頼を再確認し、それに裏打ちされた文化を培っていく決意を込めて、新しい装丁のもとに再出発したいと思う。一冊一冊から吹き出す新風が一人でも多くの読者の許に届くこと、そして希望ある時代への想像力を豊かにかき立てることを切に願う。

（二〇〇六年四月）